Contemporánea

Virginia Woolf nació en Londres el 25 de enero de 1882. Su infancia en el acomodado barrio de Kensington y sus largos veranos en familia en St Ives, Cornualles, inspiraron muchos pasajes de su obra. Al fallecer su padre, el conocido hombre de letras sir Leslie Stephen, Virginia y su hermana Vanessa se trasladaron al bohemio barrio de Bloomsbury, que dio nombre al grupo literario y artístico formado alrededor de las hermanas. En 1912, Virginia se casó con Leonard Woolf, y fue con su apellido de casada como firmó su primera novela, *Fin de viaje* (1915). Dos años después, el matrimonio fundó la editorial Hogarth Press, en la que se publicaron muchos de los principales autores de la época. Como creadora, Woolf cultivó la narrativa, el ensayo, la biografía y la escritura diarística, a menudo mezclando los géneros, y forjó una obra revolucionaria que no ha dejado de influir en la literatura posterior; de su amplia producción cabe destacar *La señora Dalloway* (1925), *El lector común* (1925), *Al faro* (1927), *Orlando* (1928), *Las olas* (1931) y *Los años* (1937). El 28 de marzo de 1941 se quitó la vida ahogándose en el río Ouse, en las afueras de Londres.

Virginia Woolf

Una habitación propia

seguido de

Las mujeres y la novela

Traducción de
Ana Mata Buil

DEBOLS!LLO

Papel certificado por el Forest Stewardship Council®

Penguin
Random House
Grupo Editorial

Título original: *A Room of One's Own*

Primera edición: marzo de 2024

© 1929, Virginia Woolf
© 2024, Penguin Random House Grupo Editorial, S.A.U.
Travessera de Gràcia, 47-49. 08021 Barcelona
© 2024, Ana Mata Buil, por la traducción
© 1980, Andrés Bosch, por la traducción de «Las mujeres y la novela»
Diseño de la cubierta: Penguin Random House Grupo Editorial / Laura Jubert
Lettering de la cubierta: © Novia Jonatan
Fotografía de la autora: © Getty Images

Printed in Spain – Impreso en España

ISBN: 978-84-663-7385-2
Depósito legal: B-525-2024

Compuesto en M. I. Maquetación, S. L.

Impreso en Liberdúplex
Sant Llorenç d'Hortons (Barcelona)

P 37385 A

Índice

Nota sobre el texto   9
Una habitación propia   11
Notas a la traducción   171
Apéndice. Las mujeres y la novela   175

Nota sobre el texto

Una habitación propia fue publicado el 24 de octubre de 1929 por The Hogarth Press, la editorial que dirigían Virginia y Leonard Woolf. Como se apunta en una nota, el libro se basó en dos conferencias impartidas por la autora el año anterior en Newnham College y Girton College, Cambridge, donde la habían invitado a hablar sobre «las mujeres y la novela». La transformación en un texto para ser leído no fue inmediata, aunque sí rápida. Woolf empezó a redactarlo a finales de enero de 1929, después de unas vacaciones que la dejaron exhausta y la obligaron a guardar cama varias semanas, y ya el 12 de mayo, según su diario, dio por finalizado un manuscrito al que aún llamaba «Las mujeres y la novela». En junio el texto fue a imprenta con el título que hoy conocemos, y el 19 agosto, también de acuerdo con el diario, Woolf hizo su última corrección en pruebas.

A lo anterior se resumiría el proceso de escritura de no ser por la existencia de un ensayo paralelo que nos ha parecido oportuno recuperar en la presente edición. Se trata del artículo «Las mujeres y la novela», que vio la luz en marzo de 1929 en la revista *The Forum*, una de las publicaciones estadounidenses sobre ideas y actualidad más importantes de la primera mitad del siglo xx. Escrito en una prosa directa y analítica, el artículo no ha perdido un ápice de su valor ensayístico, pero presenta el doble interés de ofrecer un resumen o adelanto de lo que Woolf estaba pensando en plena redacción del volumen hoy conocido. Sugerentemente, el texto más breve acaba en una frase que prefigura el título del largo: «una habitación para ellas» («*a room to themselves*»).

Esta nueva traducción de *Una habitación propia* se basa en el texto establecido en la edición de Chatto & Windus/ The Hogarth Press de 1984, retomada por Vintage en 2001 y reimpresa en numerosas ocasiones. La traducción de «Las mujeres y la novela» apareció en la antología *Las mujeres y la literatura* (Lumen, 1980), y ha sido especialmente revisada para esta edición confrontándola con el original de la revista *The Forum*.

Los editores

Una habitación propia*

    * Este ensayo se basa en las dos conferencias pronunciadas en octubre de 1928 en la Sociedad Literaria de Newnham College y en la Odtaa de Girton College, dos colegios universitarios para mujeres pioneros en Inglaterra y pertenecientes a la Universidad de Cambridge. Los textos iniciales, que tuvieron que recortarse para ajustarse al tiempo que duraban las conferencias, se han modificado y ampliado para su publicación.

1

Pero, me dirán ustedes, le pedimos que hablara de las mujeres y la novela: ¿qué tiene eso que ver con una habitación propia? Trataré de explicarlo. Cuando me pidieron que hablara de las mujeres y la novela me senté a la orilla del río y empecé a preguntarme qué significaban esas palabras. Podrían significar sencillamente unas pinceladas sobre Fanny Burney; otras más sobre Jane Austen; un tributo a las Brontë y un boceto de la casa parroquial de Haworth bajo la nieve; algún comentario ingenioso, tal vez, sobre la señorita Mitford; una alusión respetuosa a George Eliot; una referencia a la señora Gaskell, y con eso bastaría. Pero, bien miradas, las palabras ya no parecían tan sencillas. El título «Las mujeres y la novela» podría significar, y quizá ustedes tenían en mente que significase, las mujeres y su forma de ser, o podría significar las mujeres y las obras de ficción que escriben; o podría significar las mujeres y las obras de ficción que se escriben sobre ellas; o podría significar que en cierto modo las tres cosas están inevitablemente unidas y ustedes desean que las plantee desde esa perspectiva. Pero, cuando empecé a reflexionar sobre el tema desde este último ángulo, que era el que me resultaba más interesante, pronto advertí que había un escollo insalvable. Jamás sería capaz de llegar a una conclusión. Jamás sería capaz de cumplir lo que, a mi modo de ver, es la obligación principal de quien da una conferencia: ofrecerles, tras una hora de discurso, una perla de verdad pura que puedan envolver entre las páginas de sus libretas y luego exhibir en la repisa de la chimenea para siempre. Lo único que podía hacer yo era ofrecerles una opinión sobre un aspecto menor: una mujer debe tener dinero y una habitación propia si se dispone a escribir obras de ficción; y eso, como comprenderán, deja sin resolver el inmenso problema sobre la verdadera naturaleza de la mujer y la verdadera naturaleza de la ficción. He eludido el deber de llegar a una conclusión sobre esas dos cuestiones: las mujeres y la ficción continúan siendo, por lo que a mí respecta, dos problemas sin resolver. Pero, con el fin de compensarlo de alguna manera, me dispongo a hacer lo que esté en mi mano para mostrarles cómo llegué a esa opinión acerca de la habitación y el dinero. Extenderé ante ustedes, con el mayor espacio y la mayor libertad posibles, el hilo de pensamiento que me llevó a tal conclusión. Tal vez si expongo sin tapujos las ideas, los prejuicios que subyacen a dicha aseveración, descubran que tienen algo que ver con las mujeres y con la ficción. En cualquier caso, cuando un tema es muy controvertido —y cualquier tema relacionado con el sexo lo es— resulta imposible confiar en decir la verdad. A lo máximo que puede aspirarse es a justificar el origen de la opinión que se tiene. Lo máximo que puede dar alguien a su público es la oportunidad de llegar a sus propias conclusiones mientras observan las limitaciones, los prejuicios y las idiosincrasias de quien les habla. Es probable que en este contexto la ficción contenga más verdad que los hechos. Por lo tanto propongo, aprovechando todas las libertades y licencias que tiene a su alcance una novelista, contarles la historia de los dos días previos a mi llegada aquí, expresar cómo, oprimida por el peso del tema que han puesto sobre mis hombros, lo medité, y lo acerqué y alejé de mi vida diaria. Huelga decir que lo que me dispongo a describir no existe en realidad; Oxbridge es una invención; igual que Fernham; «yo» no es más que un término práctico para alguien que no tiene entidad real. Mentiras brotarán de mis labios, pero es posible que haya algo de verdad entremezclada con ellas; a ustedes les corresponde desentrañar esa verdad y decidir si vale la pena guardar alguna parte. Si no es así, por supuesto, lo tirarán todo a la papelera y se olvidarán de mis palabras.

El caso es que ahí estaba yo (llámenme Mary Beton, Mary Seton, Mary Carmichael o el nombre que prefieran: carece de importancia), sentada a la orilla del río hace un par de semanas un apacible día de octubre, perdida en mis pensamientos. Ese peso del que les he hablado, las mujeres y la ficción, la necesidad de llegar a alguna conclusión sobre un tema que despierta toda clase de prejuicios y pasiones, me obligaba a inclinar la cabeza casi hasta el suelo. A derecha e izquierda había algunos arbustos, dorados y carmesí, resplandecientes como llamas, pese a que el tono parecía algo quemado por el calor. En la ribera contraria los sauces lloraban su perpetuo lamento, con el pelo suelto sobre los hombros. El río reflejaba lo que quería del cielo, del puente y de los arbustos encendidos, y después de que un estudiante rompiera con los remos de su barca los reflejos, estos se cerraron de nuevo, por completo, como si el joven no hubiera pasado nunca. Allí, perdida en mis pensamientos, habría podido detener el reloj. El pensamiento —por darle un nombre más noble del que merecía— había echado la caña a la corriente. El anzuelo se mecía sin parar de aquí para allá entre los reflejos y los juncos, dejando que el agua lo elevara y lo hundiera hasta que —ya conocen ese leve tirón— el repentino aglutinamiento de una idea surgió al final de la caña de pescar: ¿imaginan luego recoger con cautela el hilo, extender con cuidado la idea una vez fuera del agua? Y, ay, una vez tendido en la hierba qué pequeño, qué insignificante parecía este pensamiento mío; la clase de pececillo que un buen pescador devuelve al agua para que crezca y se engorde y algún día valga la pena cocinarlo y comérselo. No les molestaré con ese pensamiento ahora, aunque si miran con atención es posible que lo encuentren por sí mismas en el curso de lo que estoy a punto de decir.

Pero, por muy pequeño que fuera, aquel pensamiento tenía, pese a todo, la misteriosa propiedad de su especie: una vez devuelto a la mente, de inmediato pasó a ser muy estimulante y significativo; y conforme se sacudía y se hundía, y aparecía aquí y allá, provocó semejante salpicadura y tumulto de ideas que era imposible quedarse quieta. Así fue como me encontré caminando a paso ligero por el retazo de hierba. De inmediato, una silueta masculina se levantó para interceptarme. Al principio no comprendí que las gesticulaciones de aquel objeto de aspecto curioso, con chaqué y una camisa formal, se dirigían a mí. Su rostro expresaba horror e indignación. El instinto más que la razón vino a socorrerme; él era un bedel; yo era una mujer. Aquí estaba el césped; allí estaba el camino. Solo los profesores y los estudiosos tenían permitido estar aquí; la grava era el lugar que me correspondía. Esos pensamientos surgieron en un instante. En cuanto retomé el camino, el bedel bajó los brazos, su cara recuperó la habitual tranquilidad y, aunque se camina mejor por el césped que por la grava, no hubo mayores daños. El único reproche que podría haber dirigido contra los profesores y los estudiosos de la universidad en cuestión quizá hubiera sido que, en su afán de proteger el césped, que habían cuidado con esmero más de trescientos años seguidos, habían provocado que mi pececillo se escondiera.

Era incapaz de recordar qué idea me había llevado a salirme del camino y pisar el césped con tanto atrevimiento. El espíritu de paz descendió como una nube del cielo, pues, si el espíritu de paz mora en alguna parte, es sin duda en los jardines y claustros de Oxbridge una apacible mañana de otoño. Al pasear por los terrenos de esas facultades y atravesar esos antiquísimos pasillos, la aspereza del presente parecía limarse; el cuerpo parecía contenido en un milagroso armario de cristal a través del cual no podía penetrar sonido alguno, y la mente, liberada de todo contacto con los hechos (salvo que volviera a pisar el césped), era libre de regodearse en cualquier meditación que estuviera en armonía con el momento. Así las cosas, quiso el azar que un recuerdo errático de algún ensayo antiguo acerca de una visita a Oxbridge durante las vacaciones estivales me trajera a la mente a Charles Lamb: san Charles, como dijo Thackeray, llevándose una carta de Lamb a la frente. En efecto, de entre todos los difuntos (les ofrezco mis pensamientos tal como me vinieron a la cabeza), Lamb es uno de los que me despiertan mayor afinidad; alguien a quien me habría gustado decirle: por favor, cuénteme cómo escribía sus ensayos. Y es que sus ensayos son mejores incluso que los de Max Beerbohm, pensé, con toda su perfección, debido al alocado arrebato de la imaginación, al repentino alarde de genialidad en medio del discurso que los vuelve criticables e imperfectos, pero los adorna de poesía. El caso es que Lamb llegó a Oxbridge hará cosa de cien años. Sin duda escribió un ensayo —cuyo título se me resiste— acerca del manuscrito de uno de los poemas de Milton que vio aquí. Puede que fuera *Lícidas*, y Lamb escribió que le sobrecogía pensar en la posibilidad de que alguna de las palabras de Lícidas pudiera haber sido distinta de la que era. Pensar en Milton cambiando los términos de ese poema le parecía una especie de sacrilegio. Eso me llevó a recordar lo que podría hacer yo con *Lícidas* y a divertirme tratando de averiguar qué palabra podía haber modificado Milton, y por qué. Entonces caí en la cuenta de que el manuscrito mismo que Lamb había contemplado se hallaba a poca distancia de mí, de modo que era posible seguir los pasos de Lamb a través del claustro hasta la famosa biblioteca donde se conserva el tesoro. Y no solo eso, recordé, mientras ponía en práctica mi plan, es en esa famosa biblioteca donde se conserva también el manuscrito de *La historia de Henry Esmond*, de Thackeray. Los críticos suelen decir que *Esmond* es la novela más perfecta de Thackeray. Pero la afectación de su estilo, con su imitación del siglo XVIII, estorba, por lo que puedo recordar; a menos que, en efecto, el estilo dieciochesco fuese natural para Thackeray: un hecho que podría comprobarse observando el manuscrito y viendo si se habían hecho cambios relacionados con el estilo o con el sentido. Pero claro, entonces habría que decidir antes qué es estilo y qué es sentido, una disyuntiva que… En fin, a estas alturas ya había llegado a la puerta de la biblioteca. Debí de abrirla sin darme cuenta, pues ante mí se materializó al instante, como un ángel guardián impidiendo el paso con el aleteo de su traje negro en lugar de con unas alas blancas, un caballero canoso, amable pero con cierto aire de superioridad que, mientras me obligaba a salir, expresó cuánto lo lamentaba, pero las mujeres solo tenían permitido entrar en la biblioteca si iban acompañadas por un profesor o contaban con una carta de presentación.

Que una famosa biblioteca haya sido maldecida por una mujer es un asunto que deja totalmente indiferente a la famosa biblioteca. Venerable y tranquila, con todos sus tesoros encerrados a salvo dentro de su pecho, duerme plácidamente y seguirá, por lo que a mí respecta, durmiendo así toda la eternidad. Jamás despertaré esos ecos, jamás volveré a pedir su hospitalidad, me juré mientras bajaba las escaleras, furiosa. Todavía quedaba una hora hasta la comida, ¿qué podía hacer? ¿Pasear por los prados? ¿Sentarme junto al río? Desde luego, era una mañana de otoño preciosa; las hojas caían ondeando, rojas; me habría sido fácil hacer cualquiera de esas dos cosas. Pero una música llegó a mis oídos. Se celebraba algún oficio o fiesta religiosa. El órgano se lamentaba de modo magistral cuando pasé por la puerta de la capilla. En aquel ambiente sereno, incluso el dolor del cristianismo remitía más a un recuerdo del dolor que al dolor mismo; incluso los gemidos del antiguo órgano parecían bañados de paz. No me apeteció entrar por si no tenía permiso, pues entonces el sacristán tal vez me hubiera parado para exigirme la partida de bautismo, o una carta de recomendación del decano. Pero el exterior de esos magníficos edificios suele ser tan hermoso como el interior. Además, era bastante divertido ver cómo se reunía la congregación, cómo entraban y volvían a salir los feligreses, entreteniéndose a la puerta de la capilla como las abejas en la entrada de una colmena. Muchos llevaban toga y birrete; algunos lucían pieles sobre los hombros; otros iban en silla de ruedas; otros, aunque no hubieran pasado de la mediana edad, parecían arrugados y plegados con formas tan singulares que me acordé de esos cangrejos y langostas gigantes que deambulan con dificultad por la arena de un acuario. Allí apoyada contra la pared, pensé que desde luego la universidad parecía un santuario en el que se conservaban especies raras que no tardarían en quedar obsoletas si tuvieran que luchar por la existencia en la acera de la Strand. Me vinieron a la mente antiguas historias de viejos decanos y viejos catedráticos, pero antes de que pudiera aunar el valor necesario para silbar —antaño se decía que al oír un silbido, el viejo profesor... echaba a galopar al instante— la venerable congregación había entrado. El exterior de la capilla siguió conmigo. Como bien saben ustedes, sus altas cúpulas y pináculos se atisban, como un barco en mar abierto que siempre avanza pero nunca llega, iluminado por la noche y bien visible, incluso desde el otro lado de las colinas. Es de suponer que hubo un día en que todo este recinto universitario, con sus suaves parcelas de césped, sus imponentes edificios y la capilla en sí no eran más que marismas también, donde se mecía la hierba silvestre y los jabalíes hociqueaban. Yuntas de caballos y bueyes, pensé, debieron de traer las piedras tirando de carretas desde países lejanos, y luego, con un esfuerzo infinito, los bloques grises bajo cuya sombra me hallaba yo ahora fueron colocados en orden uno sobre otro, y después los pintores trajeron las vidrieras para las ventanas y los peones de albañil tardaron siglos en construir el tejado, poniendo masilla y cemento con paletas y llanas. Cada sábado alguien debía de verter oro y plata de una bolsa de cuero en los vetustos puños de esa gente, pues es de suponer que por la tarde bebían cerveza y jugaban a los bolos. Un río interminable de oro y plata, pensé, debía de fluir por ese claustro de forma perpetua para que las piedras no dejasen de llegar ni los peones de trabajar; para nivelar, hacer zanjas, cavar y drenar. Pero aquel era el tiempo de la fe, y el dinero se vertía con generosidad con el fin de sentar unos sólidos cimientos para esas piedras, y cuando llegó el momento de levantar los muros, todavía se vertió más dinero de los cofres de reyes y reinas y grandes nobles para asegurarse de que se cantarían himnos y los académicos darían clase. Se prometieron tierras; se pagaron diezmos. Y cuando el tiempo de la fe terminó y empezó el tiempo de la razón, pese a todo, el mismo flujo de oro y plata siguió discurriendo; se fundaron becas; se otorgaron cátedras; solo que ahora el oro y la plata ya no brotaban de los cofres del rey, sino de los baúles de comerciantes y productores, de las bolsas de hombres que habían hecho, por ejemplo, fortuna con la industria y que, en sus testamentos, devolvían una porción cuantiosa de lo ganado para crear más plazas, más cátedras, más becas en la universidad en la que habían aprendido su oficio. De ahí las bibliotecas y laboratorios; los observatorios; el espléndido equipo de instrumentos costosos y delicados que ahora se exhibe en vitrinas de cristal, donde hace siglos se mecían las hierbas y los jabalíes hociqueaban. Sin duda, mientras recorría el claustro, los cimientos de oro y plata me parecieron bastante profundos; el pavimento se había colocado con solidez sobre los hierbajos. Hombres con bandejas sobre la cabeza se apresuraban por las escaleras. Llamativos capullos florecían en las jardineras de las ventanas. Un esforzado gramófono atronaba desde las salas. Era imposible no reflexionar… Pero, fuera cual fuese, la reflexión fue arrancada de cuajo. Sonó el reloj. Era hora de ir a comer.

Es curioso el modo en que los novelistas saben hacernos creer que los banquetes son siempre memorables por algún comentario muy ingenioso o algún acto muy inteligente ocurrido en ellos. Pero casi nunca reservan palabras para describir qué se comió. Forma parte de la convención de los novelistas no mencionar la sopa, el salmón y el pato, como si la sopa, el salmón y el pato no fuesen en absoluto importantes, como si nadie fumara un cigarrillo ni bebiera una copa de vino. Aquí, sin embargo, me tomaré la libertad de incumplir tal convención y les contaré que en este caso el almuerzo empezó con lenguado, hundido en un plato hondo, sobre el que el cocinero de la facultad había extendido una colcha de nata blanquísima, salvo por unas motas pardas similares a las manchas de los flancos de una hembra de gamo. Después había perdices, pero si eso les hace pensar en un par de aves marrones y peladas en un plato, se equivocan. Las perdices, numerosas y variadas, iban acompañadas de un séquito de salsas y ensaladas, fuertes y dulces, todas en orden; de patatas, finas como monedas, pero no tan duras; de coles de Bruselas, abiertas como capullos de rosa, pero más suculentas. Y en cuanto se terminó la carne asada y su séquito, el silencioso camarero, el bedel de antes tal vez, pero en una manifestación más amable, puso ante nosotros, envuelto en servilletas, un confite que se elevaba lleno de azúcar entre las olas. Llamarlo pudin y de ese modo relacionarlo con el arroz y la tapioca sería un insulto. Mientras tanto, las copas de vino se habían teñido de amarillo y luego de carmesí; se habían vaciado y se habían rellenado. Y de tal modo, se había encendido de forma paulatina, en mitad de la columna vertebral, que es donde habita el alma, no esa dura lucecita eléctrica que llamamos brillante genialidad, cuando surge y sale de nuestros labios, sino ese resplandor más profundo, sutil y subterráneo que es la potente llama amarilla de la relación racional. Sin necesidad de apresurarse. Sin necesidad de deslumbrar. Sin necesidad de ser nadie salvo uno mismo. Todos vamos a ir al cielo y Van Dyck está en el grupo... En otras palabras, qué buena parecía la vida, qué dulces sus recompensas, qué trivial este resentimiento o aquella afrenta, qué admirable la amistad y la compañía de los iguales cuando, encendiendo un buen cigarrillo, me hundí en los cojines del asiento de la ventana.

Si por fortuna hubiera habido un cenicero a mano, si no hubiera tirado la ceniza por la ventana a falta de este, si las cosas hubieran sido un poco distintas de lo que fueron, lo más probable es que no hubiese visto un gato sin cola. La vista de aquel abrupto y truncado animal caminando con sigilo por el patio del claustro cambió, por una casualidad de la inteligencia subconsciente, la luz emocional para mí. Fue como si alguien hubiera extendido un velo. Tal vez el excelente vino blanco del Rin empezase a hacer efecto. De lo que no cabe duda es de que, mientras observaba el gato manx detenerse en medio del parque como si él también se cuestionara el universo, me pareció que faltaba algo, que algo era diferente. Pero ¿qué era lo que faltaba?, ¿qué era diferente?, me pregunté, mientras escuchaba la charla. Y para responder a esa pregunta tuve que pensar en mí fuera de la sala, de vuelta al pasado, antes de la guerra, desde luego, y plantar ante mis ojos el modelo de otro banquete celebrado en estancias no muy alejadas de estas, pero distintas. Todo era distinto. Mientras tanto, los invitados seguían charlando; los asistentes eran numerosos y jóvenes, algunos de este sexo, otros del otro; la conversación siguió fluyendo, continuó de forma afable, libre, divertida. Y a la vez, la comparé con aquella otra charla y, al contrastar ambas, no me cupo duda de que una era la descendiente, la legítima heredera de la otra. Nada había cambiado; nada era distinto salvo que… entonces escuché con toda mi atención no especialmente a lo que se decía, sino al murmullo o la corriente que subyacía. Sí, eso era: ahí estaba el cambio. Antes de la guerra, en un banquete como este, la gente habría dicho precisamente las mismas cosas, pero habrían sonado diferentes, porque en aquella época iban acompañadas de una especie de tarareo, no articulado, sino musical, emocionante, que modificaba el valor de las propias palabras. ¿Sería capaz de añadir ese tarareo a las palabras? Tal vez con la ayuda de los poetas sí fuese posible. A mi lado tenía un libro, conque lo abrí y, casi por casualidad, di con Tennyson. Y allí encontré lo que cantaba este poeta:

Una espléndida lágrima ha caído
de la flor de la pasión junto a la puerta.
Ya viene, mi paloma, mi destino;
ya viene, mi amor, mi vida entera;
la rosa roja grita: «Casi la atisbo»;
y la rosa blanca gime: «Nunca llega»;
la consuelda escucha: «La oigo, la oigo»
y el lirio susurra: «Espero verla».[1]

¿Era eso lo que tarareaban los hombres en los banquetes antes de la guerra? ¿Y las mujeres?

Mi corazón es como un ave
cuyo nido emerge de una ola,
como un manzano al que su grave
fruto comba, cual caracola
de mil colores que se mece
en el mar ideal del sueño
y es más alegre y lo parece
pues viene a mí su dulce dueño.[2]

¿Era eso lo que tarareaban las mujeres en los banquetes antes de la guerra?

Resultaba tan ridículo pensar en la gente tarareando tales cosas, incluso en voz muy baja, durante fiestas y banquetes antes de la guerra, que me eché a reír, y tuve que explicar el motivo de mi risa señalando el gato manx, que sí parecía un poco absurdo, pobre bestia, sin cola en medio del parque. ¿Habría nacido así, o habría perdido la cola en un accidente? Los gatos sin cola, aunque se dice que existen algunos en la isla de Man, son menos habituales de lo que parece. Es un animal raro, pintoresco más que hermoso. Qué extraño que una cola cambie tanto las cosas… Ya se sabe la clase de comentarios que se hacen cuando acaba un banquete y los invitados van a buscar los abrigos y sombreros.

Dicho festejo, gracias a la hospitalidad del anfitrión, se había prolongado hasta bien entrada la tarde. El precioso día de otoño se iba apagando y las hojas caían de los árboles en la avenida conforme yo la atravesaba. Una puerta tras otra parecía cerrarse con una sutil determinación detrás de mí. Innumerables bedeles introducían innumerables llaves en los cerrojos bien engrasados; la tesorería recuperaba la seguridad para otra noche. Después de la avenida se llega a una calle —he olvidado el nombre— que conduce, si se toma el desvío adecuado, hasta Fernham College. Pero quedaba mucho tiempo. Hasta las siete y media no servían la cena. Y casi podía pasar sin cenar después de un almuerzo tan copioso. Es extraño cómo un retazo de poesía actúa en la mente y hace que las piernas se muevan al compás de su ritmo por la calle. Esas palabras…

> *Una espléndida lágrima ha caído*
> *de la flor de la pasión junto a la puerta.*
> *Ya viene, mi paloma, mi destino…*[3]

cantaban dentro de mi sangre mientras caminaba con brío hacia Headingley. Y entonces, cambiando a la otra voz, canté, donde las aguas se agitan por la presa:

> *Mi corazón es como un ave*
> *cuyo nido emerge de una ola,*
> *como un manzano al que su grave…*[4]

¡Menudos poetas!, exclamé en voz alta, como suele hacerse al atardecer, ¡menudos poetas eran!

Con una especie de envidia, supongo, en nombre de nuestra época, por muy bobas y absurdas que sean tales comparaciones, pasé a preguntarme con sinceridad si era capaz de citar dos poetas actuales tan excelsos como lo fueron Tennyson y Christina Rossetti en su momento. Obviamente es imposible compararlos, pensé, contemplando aquellas aguas espumosas. La auténtica razón por la que esa poesía despierta en mí semejante abandono, semejante embeleso, es que celebra un sentimiento que solía tener (en los banquetes previos a la guerra, tal vez), de modo que una responde con facilidad, familiaridad, sin preocuparse de evaluar el sentimiento y sin compararlo con ninguno de los que experimenta ahora. Pero los poetas vivos expresan un sentimiento que de verdad se nos ofrece y se nos arrebata en el momento presente. Una no lo reconoce a primera vista; a menudo, por algún motivo, lo teme; lo observa con aprecio y lo compara, llena de envidia y sospecha, con el antiguo sentimiento que sí conocía. De ahí la dificultad de la poesía moderna; y es debido a esa dificultad por lo que soy incapaz de recordar más de dos versos consecutivos de cualquier buen poeta moderno. Por ese motivo —las lagunas de mi memoria—, el argumento flaqueó por falta de material. Pero ¿por qué —continué pensando, mientras avanzaba hacia Headingley— hemos dejado de tararear para nuestros adentros en los banquetes? ¿Por qué Alfred ha dejado de cantar...

Ya viene, mi paloma, mi destino?[5]

¿Por qué Christina ha dejado de responder...

y es más alegre y lo parece
pues viene a mí su dulce dueño?[6]

¿Es por culpa de la guerra? Cuando las armas dispararon en agosto de 1914, ¿acaso los rostros de hombres y mujeres mostraron de forma tan evidente a ojos de los demás que el romance se había terminado? Desde luego, fue un shock (en especial para las mujeres, con sus ilusiones sobre la educación y demás) ver las caras de nuestros dirigentes a la luz del fuego de artillería. Parecían tan feos —alemanes, ingleses, franceses—, tan estúpidos... Pero recaiga la culpa donde recaiga, y en quien recaiga, la ilusión que inspiró a Tennyson y a Christina Rossetti a cantar con tanta pasión sobre la llegada de sus amados es mucho más extraña hoy en día que entonces. Basta con leer, mirar, escuchar, recordar. Pero ¿por qué digo «culpa»? Si era una ilusión, ¿no habría que alabar la catástrofe, fuera la que fuese, que destruyó la ilusión y puso la verdad en su lugar? Pues la verdad… Esos puntos suspensivos marcan el lugar en el que, en busca de la verdad, me pasé el desvío a Fernham. Sí, en efecto, ¿qué era verdad y qué era ilusión?, me pregunté. ¿Cuál era la verdad sobre sus casas, por ejemplo, tenues y festivas ahora con sus ventanas rojas en el crepúsculo, pero crudas y rojas y escuálidas, con sus dulces y sus cordones de las botas, a las nueve de la mañana? ¿Y los sauces y el río y los jardines que discurren junto al río, difusos ahora con la neblina que les roba definición, pero dorados y rojos a la luz del sol…? ¿Cuál era la verdad, cuál era la ilusión en ellos? Les ahorraré las vueltas y giros intrincados de mis elucubraciones, pues no hallé conclusión alguna de camino a Headingley, y les pido que supongan que no tardé en darme cuenta de mi error en el camino y deshice mis pasos hasta Fernham.

Como ya he dicho, era un día de octubre, no me atrevo a faltarles al respeto y poner en peligro el buen nombre de la acción cambiando la estación y describiendo lilas colgando de los muros del jardín, flores de azafrán, tulipanes y otras flores primaverales. La ficción debe limitarse a los hechos, y cuanto más verídicos sean los hechos, mejor será la ficción… O eso nos han dicho. Así pues, continuaba siendo otoño y las hojas seguían de color amarillo y se iban cayendo, si acaso, un poco más rápido que antes, porque ya era por la tarde (las siete y veintitrés, para ser exactos) y corría brisa (del suroeste, para ser exactos). Pero, pese a todo, había algo peculiar en el ambiente:

Mi corazón es como un ave
cuyo nido emerge de una ola,
como un manzano al que su grave
fruto comba, cual caracola. [7]

Tal vez las palabras de Christina Rossetti fueran responsables en parte de la locura de la fantasía —pues, por supuesto, no era más que una fantasía— de que el lilo mecía sus flores sobre los muros del jardín y las mariposas limoneras se desplazaban de aquí para allá y el polvo del polen llenaba el aire. Soplaba el viento, ignoro de qué dirección, pero levantó las hojas medio crecidas de tal modo que hubo un destello gris plateado en el aire. Era el momento del cambio de luz, cuando los colores se intensifican y los violetas y dorados arden en los cristales de las ventanas como el latido de un corazón agitado; cuando por algún motivo la belleza del mundo se revela y, sin embargo, perece demasiado rápido (aquí me adentré en el jardín sin más ya que, por descuido, habían dejado la puerta abierta y no había vigilantes a la vista), la belleza del mundo que tan rápido perece tiene dos filos, uno hilarante, otro angustioso, que cortan el corazón por la mitad. Los jardines de Fernham se extendían ante mí al atardecer primaveral, asilvestrados y abiertos, y en la hierba alta, salpicada de agua y descuidada, había narcisos y campanillas, bastante desorganizados ya en el mejor de los casos, y ahora agitados por el viento y zarandeándose sin perder el agarre de sus raíces. Las ventanas del edificio, curvadas como las ventanas de los barcos entre las generosas olas de ladrillo rojo, cambiaban del amarillo al plateado con el vuelo de las veloces nubes primaverales. Había alguien en una hamaca; una persona, pero con esta luz no era más que un fantasma, medio intuida, medio vista, corría por el césped —¿no iba a detenerla nadie?—, y luego, en la terraza, como si asomara la cabeza para respirar aire fresco, para contemplar el jardín, apareció una silueta femenina encorvada, formidable pero humilde, con su frente ancha y su vestido holgado: ¿acaso sería la famosa académica, sería la propia J… H… en persona? Todo era tenue, y a la vez intenso, como si una estrella o una espada hubiese rasgado en dos el pañuelo que había extendido el ocaso sobre el jardín y el resplandor de alguna realidad terrible brotara, como suele hacerlo, desde el corazón de la primavera. Pues la juventud…

Aquí tenía mi sopa. Estaban sirviendo la cena en el gran comedor. Lejos de ser primavera, era, en realidad, una tarde de octubre. Todo el mundo estaba reunido en el comedor. La cena estaba lista. Aquí tenía la sopa. Era una simple sopa de carne. No había en ella nada que despertara la fantasía. El caldo era tan transparente que habría podido ver a través de él algún dibujo que tal vez hubiera en el plato. Pero no tenía dibujos. Era un plato liso. Después llegó la ternera con su acompañamiento de verduras y patatas: una trinidad casera, que recordaba los cuartos traseros de la ternera en un mercado embarrado, las coles rizadas y de bordes amarillentos, el regateo y las ofertas y las mujeres con bolsas de malla un lunes por la mañana. No había motivos para quejarse de la comida diaria de la naturaleza humana, teniendo en cuenta que había ración de sobra y sin duda los mineros debían de estar sentados alrededor de mucho menos. A eso siguieron ciruelas pasas y natillas. Y si alguien se queja de que las ciruelas pasas, incluso mitigadas por las natillas, son una verdura (porque frutas no son) poco caritativa, hebrosas como el corazón de un tacaño y con un líquido como el que podría correr por las venas de un tacaño que se ha negado el vino y el calor durante ochenta años y aun así no ha dado nada a los pobres, ese alguien debería recordar que hay personas cuya caridad abraza incluso la ciruela pasa. A continuación, repartieron galletas y queso, y luego pasaron con generosidad la jarra de agua, pues la naturaleza de las galletas es estar secas, y aquellas eran galletas en toda regla. Y eso fue todo. Se terminó la cena. Todo el mundo se levantó arrastrando la silla para apartarse de la mesa; las puertas batientes aletearon con violencia adelante y atrás; al cabo de poco retiraron del comedor todo rastro de comida y lo prepararon sin duda para el desayuno de la mañana siguiente. Por los pasillos y las escaleras, la juventud de Inglaterra iba cantando y gritando. ¿Y quién era una invitada, una forastera como yo (pues no tenía más derecho a estar aquí en Fernham que en Trinity o Somerville o Girton o Newnham o Christchurch), para decir «la cena no estaba buena» o para decir (ahora estábamos, Mary Seton y yo, en su salita) «¿No habría sido mejor cenar aquí arriba las dos solas?»? Porque si hubiera dicho algo semejante, habría parecido entrometerme en el manejo secreto de una casa que presenta para alguien de fuera una elegantísima fachada de alegría y coraje. No, no podía decir nada por el estilo. De hecho, por un momento flaqueó la conversación. Siendo la estructura humana la que es, corazón, cuerpo y cerebro todos entremezclados, en lugar de estar contenidos en compartimentos estancos como sin duda lo estarán dentro de otro millón de años, una buena cena es de gran importancia para una buena conversación. No se puede pensar bien, amar bien, dormir bien, si no se ha cenado bien. La luz de la columna vertebral no se enciende con ternera y ciruelas pasas. Puede que todos vayamos al cielo, y Van Dyck, confiamos, se unirá con nosotros al doblar la esquina: tal es el estado de dudas y matices que suscitan la ternera y las ciruelas al final de una jornada laboral. Por suerte mi amiga, que enseñaba ciencias, tenía un armario en el que había una botella ancha y baja y unos vasitos de licor (aunque para empezar deberíamos haber tomado lenguado y perdiz), de modo que pudimos arrimarnos a la chimenea y reparar algunos de los daños del día vivido. Al cabo de un minuto, empezamos a abordar con libertad los muchos motivos de curiosidad e interés que se forman en la mente en ausencia de una persona en concreto, y que se comentan de manera espontánea en cuanto dos vuelven a encontrarse —si no sé quién se ha casado y no sé cuántos no; si una piensa esto, la otra lo otro; si tal ha mejorado de forma increíble y cual, algo de lo más asombroso, ha ido a peor—, con todas las especulaciones sobre la naturaleza humana y el carácter del sorprendente mundo en el que vivimos que surgen de forma natural a partir de esos temas iniciales de conversación. Mientras decíamos todas estas cosas, sin embargo, me entró vergüenza al percatarme de una corriente que se iba instalando por propia iniciativa y arrastraba todo hacia un fin propio. Tal vez hablásemos de España o Portugal, de libros o carreras de caballos, pero el verdadero interés de lo que decíamos no era ninguna de esas cosas, sino una escena de peones trabajando en un tejado alto hace unos cinco siglos. Reyes y nobles llevaban tesoros en grandes sacas y los escondían bajo la tierra. Dicha escena no paraba de cobrar vida en mi mente y se ubicaba junto a otra estampa de vacas escuálidas y un mercado embarrado y hierbas agostadas y los corazones hebrosos de los ancianos: esas dos imágenes, pese a ser dispares y desconectadas y carentes de sentido, se juntaban sin parar y combatían una contra otra y me tenían totalmente a su merced. Lo mejor que podía hacer, salvo que fuera a distorsionar toda la conversación, era exponer lo que tenía en mente y soltarlo al aire, y entonces, con un poco de suerte, se difuminaría y se convertiría en polvo, como la cabeza del rey muerto cuando abrieron el ataúd en Windsor. Así pues, le hablé brevemente a la señorita Seton de los peones de albañil que habían dedicado todos aquellos años a construir el tejado de la capilla, le hablé de los reyes y las reinas y los nobles que cargaban con sacas de oro y plata a hombros, que luego enterraban en el suelo; y luego le conté cómo llegaron los grandes magnates financieros de nuestro tiempo y pusieron cheques y acciones, supongo, donde los anteriores habían vertido lingotes y toscos montones de oro. Todo eso yace bajo las facultades de allá, dije; pero ¿qué hay de la residencia de esta facultad en la que estamos ahora sentadas? ¿Qué yace bajo su gallardo ladrillo rojo y las hierbas silvestres y descuidadas del jardín? ¿Qué fuerza hay detrás de esos platos de loza en los que hemos cenado y (lo siguiente se me escapó de los labios antes de poder evitarlo) de la ternera, las natillas y las ciruelas pasas?

Bueno, dijo Mary Seton, alrededor del año 1860... Ay, pero supongo que ya conoces la historia, me dijo, imagino que aburrida de mi perorata. Y me contó que alquilaron salas. Se reunió el comité. Escribieron sobres. Entregaron circulares. Se hicieron reuniones; se leyeron cartas en voz alta; tal y cual prometieron aquello y lo otro; por el contrario, el señor... no dará ni un penique. El *Saturday Review* ha sido muy descortés. ¿Cómo vamos a recaudar fondos para pagar los despachos? ¿Montamos un acto benéfico? ¿No podemos encontrar a una chica guapa que se siente en la primera fila? Vamos a buscar lo que dijo John Stuart Mill sobre el tema. ¿No puede alguien convencer al editor del... para que publique una carta? ¿Podríamos conseguir que lady... la firmara? Lady... está fuera de la ciudad. Así era como se hacían las cosas, es de suponer, hace sesenta años; implicaba un esfuerzo prodigioso, que consumía una cantidad de tiempo tremenda. E, incluso tras grandes penalidades y con una dificultad ingente, apenas lograron recaudar treinta mil libras.* Así pues, obviamente no podemos permitirnos vino ni perdices ni sirvientes que sirvan con bandejas metálicas en la cabeza, me dijo. No podemos tener sofás ni habitaciones individuales. «Las comodidades», dijo, parafraseando de no sé qué libro, «tendrán que esperar».**

Al pensar en todas aquellas mujeres trabajando año tras año y topándose con escollos para poder reunir dos mil libras, y haciendo todo lo posible para recaudar treinta mil libras, nos exasperamos ante la despreciable pobreza de nuestro sexo. ¿A qué se habían dedicado nuestras madres para no haber amasado fortuna que dejarnos? ¿A empolvarse la nariz? ¿A mirar escaparates? ¿A presumir bajo el sol de Montecarlo? Había unas fotografías en la repisa de la chimenea. La madre de Mary —si era ella la del retrato— tal vez fuera una despilfarradora en

---

* «Nos han dicho que deberíamos pedir por lo menos treinta mil libras [...]. No es una cantidad exorbitada, teniendo en cuenta que solo va a existir una facultad de esta clase en toda Gran Bretaña, Irlanda y las colonias, y teniendo en cuenta lo fácil que es recaudar cantidades inmensas para las universidades masculinas. Pero si pensamos en las pocas personas que de verdad desean que las mujeres reciban una educación, es una gran gesta», lady Stephen, *Emily Davies and Girton College*.

** «Hasta el último penique que pudo arañarse se reservó para la construcción del edificio, y las comodidades tuvieron que ser pospuestas», R. Strachey, *The Cause*.

su tiempo libre (había tenido trece hijos de un pastor de la iglesia), pero si había sido así, la vida alegre y disipada había dejado poco rastro de sus placeres en el rostro de la mujer. Era una persona sin atractivos; una anciana vestida con un mantón de cuadros que se abrochaba con un camafeo grande; y estaba sentada en una silla de mimbre, animando a un spaniel a mirar a la cámara con la expresión divertida pero tensa de quien sabe que el perro se moverá en cuanto se dispare el objetivo. Ahora bien, si se hubiera dedicado a los negocios; si se hubiera hecho fabricante de seda artificial o magnate de la Bolsa; si hubiera dejado doscientas o trescientas mil libras a Fernham, esta noche habríamos podido estar sentadas tranquilamente y nuestro tema de conversación habría sido la arqueología, la botánica, la antropología, la física, la naturaleza del átomo, las matemáticas, la astronomía, la relatividad, la geografía. Ojalá la señora Seton y su madre y la madre de su madre hubieran aprendido el gran arte de hacer dinero y hubieran dejado ese dinero, igual que sus padres y sus abuelos, para fundar becas, crear cátedras y premios y ayudas adecuadas al uso de su propio sexo, sí, ojalá; pues entonces quizá hubiéramos cenado de forma más tolerable aquí arriba, las dos solas, ave y una botella de vino; quizá hubiéramos anticipado con una confianza más que justificada una vida plácida y honrada en el seno de alguna de las profesiones mejor pagadas. Habríamos podido dedicarnos a explorar o a escribir; a fantasear sobre los lugares venerables de la tierra; a sentarnos en actitud contemplativa en los escalones del Partenón, o a ir a las diez a una oficina y volver con tranquilidad a las cuatro y media para ponernos a inventar algún poema. Aunque claro, si la señora Seton y sus congéneres se hubieran dedicado a los negocios desde los quince años, no habría existido —y ese era el mayor problema del argumento— Mary. ¿Qué pensaba la propia Mary al respecto?, pregunté. Entre las cortinas se colaba la noche de octubre, tranquila y preciosa, con un par de estrellas atrapadas en los árboles amarillentos. ¿Estaba preparada para renunciar a su parte de todo eso y a sus recuerdos (porque habían sido una familia feliz, pese a ser tan numerosa) de juegos y peleas allá en Escocia, lugar que nunca se cansa de alabar por la limpieza del aire y la calidad de sus tartas, con el fin de que Fernham hubiera podido contar con cincuenta mil libras o más de un plumazo? Porque lograr tal financiación para una facultad requeriría suprimir las familias por completo. Hacer fortuna y traer al mundo trece hijos… ningún ser humano podría soportarlo. Analicemos los hechos, dijimos. Primero transcurren nueve meses de gestación. Luego nace el niño. Después se invierten tres o cuatro meses en dar de mamar a ese niño. Después del destete hay que dedicar por lo menos cinco años a jugar con esa criatura. Por lo visto, no puedes dejar que los niños corran solos por las calles. La gente que los ha visto vagando así en Rusia dice que la estampa no es nada agradable. La gente también dice que la naturaleza humana se define entre el primer y el quinto año de vida. Si la señora Seton, dije, se hubiera dedicado a ganar dinero, ¿qué clase de recuerdos tendrías tú de juegos y peleas? ¿Qué habrías conocido de Escocia y su aire puro y sus tartas y todo lo demás? Pero es inútil plantearse todas esas preguntas, porque jamás habrías llegado a existir. Además, es igual de inútil preguntarse qué habría sucedido si la señora Seton y su madre y la madre de su madre hubiesen amasado una gran fortuna y la hubieran depositado bajo los cimientos de la facultad y la biblioteca, porque, en primer lugar, les resultaba imposible ganar dinero y, en segundo lugar, de haber sido posible, la ley les negaba el derecho a ser dueñas del dinero que ganaban. Solo hace cuarenta y ocho años que la señora Seton ha podido tener un penique a su nombre. Durante todos los siglos anteriores, su dinero habría sido propiedad de su marido: un pensamiento que, tal vez, pudo influir en que la señora Seton y su madre se mantuvieran alejadas de la Bolsa. Cada penique que gane, podrían haber dicho, me será arrebatado para que mi marido disponga de él como considere... Quizá para crear una cátedra o para financiar una beca en Balliol o Kings, de modo que ganar dinero, incluso si tuviera permitido hacerlo, no es un asunto que me interese especialmente. Será mejor que lo deje en manos de mi marido.

En cualquier caso, tanto si la culpa recaía en la anciana que miraba al spaniel como si no era así, no cabía duda de que, por un motivo u otro, nuestras madres habían manejado fatal sus asuntos. Ni un solo penique podía gastarse en «comodidades»; en perdices y vino, bedeles y césped, libros y puros, bibliotecas y ocio. Levantar muros desnudos de la tierra desnuda era lo máximo que habían logrado hacer.

De tal modo hablamos junto a la ventana mientras contemplábamos, como tantos miles de personas contemplan cada noche, las cúpulas y las torres de la famosa ciudad que teníamos ante nosotras. Era muy hermosa, muy misteriosa a la luz de la luna otoñal. La vetusta piedra parecía blanca y venerable. Entonces pensé en todos los libros reunidos allí abajo; en los retratos de viejos prelados y personajes ilustres que colgaban de las paredes forradas de madera; en las ventanas pintadas que arrojarían extraños globos y medias lunas de luz sobre la acera; en las placas y monumentos e inscripciones; en las fuentes y el césped; en las habitaciones tranquilas que daban a claustros tranquilos. Y (perdonarán la asociación de ideas) también pensé en el admirable humo y la bebida y los sillones mullidos y las acogedoras alfombras: en la urbanidad, la afabilidad, la dignidad que nacen del lujo, la privacidad y el espacio. Desde luego, nuestras madres no nos habían provisto de nada comparable a todo eso… Nuestras madres, a quienes costó horrores reunir treinta mil libras, nuestras madres, que tuvieron trece hijos de pastores de la iglesia de St. Andrews.

Entonces volví a mi alojamiento, y mientras caminaba por las calles oscuras iba reflexionando sobre esto y aquello, como suele hacerse al final de la jornada. Me preguntaba a qué se debía que la señora Seton no tuviera dinero que legarnos, qué efectos causa la pobreza en la mente y qué efectos causa la riqueza en la mente; y pensé en el peculiar caballero anciano que había visto por la mañana con pieles sobre los hombros; y recordé que si alguien silbaba, uno de ellos echaba a correr; y pensé en el órgano atronando en la capilla y en las puertas cerradas de la biblioteca; y pensé en lo desagradable que es el que le cierren a una la puerta en las narices; y pensé que quizá sea peor quedarse encerrada dentro; y, pensando en la seguridad y prosperidad de un sexo y en la pobreza e inseguridad del otro y en los efectos de la tradición y de la falta de tradición sobre la mente de quien se dedica a la escritura, acabé por pensar que ya era hora de enrollar la piel arrugada del día, con sus discusiones y sus impresiones y su enfado y su risa, y tirarla al seto. Un millar de estrellas relucían por los yermos azules del cielo. Me sentía sola en aquella compañía inescrutable. Todos los seres humanos se habían ido a dormir: bocabajo, horizontales, mudos. Nadie parecía moverse en las calles de Oxbridge. Incluso la puerta del hotel se abrió al tacto de una mano invisible; ni un limpiabotas esperaba despierto para iluminarme el camino a la cama: era tardísimo.

2

La escena, si son tan amables de acompañarme, había cambiado. Las hojas continuaban cayendo, pero ahora en Londres, no en Oxbridge; y tengo que pedirles que se imaginen una habitación, como otras miles, con una ventana que, por detrás de los sombreros de la gente, de las furgonetas y los automóviles, daba a otras ventanas, y en la mesa dentro de dicha habitación, una hoja en blanco en la que ponía en letras grandes LAS MUJERES Y LA NOVELA, pero nada más. Parecía que la continuación inevitable a la comida y la cena en Oxbridge iba a ser, por desgracia, una visita al Museo Británico. Era preciso escurrir todo lo personal y azaroso de todas aquellas impresiones para alcanzar por fin el fluido puro, el aceite esencial de la verdad. Pues la visita a Oxbridge y el almuerzo y la cena habían generado infinidad de preguntas. ¿Por qué los hombres bebían vino y las mujeres agua? ¿Por qué un sexo era tan próspero y el otro tan pobre? ¿Qué consecuencias tiene la pobreza en las obras de ficción? ¿Qué condiciones se necesitan para crear obras de arte? Un millar de preguntas se insinuaron a la vez.

Pero una necesitaba respuestas, no preguntas; y la única forma de obtener una respuesta era consultar a los ilustres y a los libres de prejuicios, que se han colocado por encima del conflicto del habla y la confusión del cuerpo, y han vertido el resultado de sus razonamientos y su investigación en libros que ahora se encuentran en el Museo Británico. Si no es posible hallar la verdad en las estanterías del Museo Británico, ¿dónde —me preguntaba, mientras cogía una libreta y un lápiz— estará la verdad?

Con tales armas, con tal determinación y afán de indagar, emprendí la búsqueda de la verdad. Aunque en realidad no llovía, el día era de lo más deprimente, y las calles circundantes al Museo Británico estaban llenas de carboneras abiertas, por las que se echaban sacos en cascada; varios carruajes de cuatro ruedas se arrimaban a la acera y depositaban en ella unas cajas atadas que, es de suponer, contenían el armario completo de alguna familia suiza o italiana en busca de fortuna, refugio o alguna otra comodidad deseable que pueda encontrarse en las casas de huéspedes de Bloomsbury en invierno. Los típicos hombres roncos deambulaban por las calles con plantas en carretillas. Algunos gritaban; otros cantaban. Londres era como un taller. Londres era como una máquina. Nos arrojaban a todos adelante y atrás sobre esa base sencilla para formar una especie de mosaico. El Museo Británico era otro departamento de esa fábrica. Las puertas batientes se abrieron; y ahí estaba una servidora bajo la imponente cúpula, como si fuese un pensamiento dentro de una inmensa frente calva que está rodeada de modo espléndido por una tira de nombres famosos. Me acerqué al mostrador; cogí una ficha; abrí un tomo del catálogo y . . . . . Esos cinco puntos suspensivos indican cinco momentos separados de estupefacción, asombro y maravilla. ¿Tienen ustedes idea de cuántos libros se escriben sobre las mujeres en un año? ¿Y tienen idea de cuántos de ellos los escriben hombres? ¿Son conscientes de que las mujeres son, tal vez, el animal más analizado del universo? Aquí estaba yo con una libreta y un lápiz, dispuesta a pasar la mañana leyendo, suponiendo que al mediodía habría logrado plasmar la verdad en mi libreta. Pero habría necesitado ser una manada de elefantes, pensé, y un cúmulo de arañas, y me refiero con desesperación a los animales que tienen fama de ser los más longevos y de contar con el mayor número de ojos, para hacer frente a semejante gesta. Necesitaría garras de acero y pico de cobre para penetrar siquiera la cáscara. ¿Cómo iba a encontrar jamás los granos de verdad escondidos en semejante masa de papel?, me pregunté. Y casi derrotada empecé a pasear la mirada por la larga lista de obras. Incluso los títulos de los libros me dieron qué pensar. El sexo y su naturaleza bien podrían atraer a médicos y biólogos; pero lo más sorprendente y difícil de explicar era el hecho de que el sexo —y con eso me refiero aquí a la mujer— atrajera también a amables ensayistas, novelistas de dedos ágiles, jóvenes con estudios superiores; hombres carentes de estudios; hombres que no tienen ninguna otra cualificación aparente salvo la de no ser mujeres. A simple vista, algunos de esos libros parecían frívolos e ingeniosos; pero muchos, por el contrario, eran serios y proféticos, morales y perentorios. Basta con leer los títulos para intuir innumerables profesores, innumerables clérigos subidos a sus púlpitos y perorando con locuacidad de un modo que excedía con creces la hora que solía reservarse para el discurso sobre este tema. Era un fenómeno de lo más extraño, y, al parecer —aquí consulté la letra H—, estaba restringido al sexo masculino. Las mujeres no escriben libros sobre hombres; una constatación que no pude evitar recibir con alivio, porque si primero tenía que leer todo lo que los hombres habían escrito sobre las mujeres, luego todo lo que las mujeres habían escrito sobre los hombres, el aloe que florece solo una vez cada cien años florecería dos veces antes de que pudiera ponerme a escribir. Así pues, haciendo una elección totalmente arbitraria de unos doce libros, dejé la ficha con los seleccionados en la bandeja metálica y esperé en mi cubículo, entre otros buscadores del aceite esencial de la verdad.

¿Cuál podía ser el motivo, entonces, de tan curiosa disparidad?, me pregunté, dibujando carretas en las fichas proporcionadas por los contribuyentes británicos para otros propósitos. ¿Por qué, a juzgar por el catálogo de la biblioteca, las mujeres son mucho más interesantes para los hombres de lo que los hombres lo son para las mujeres? Parecía un hecho curiosísimo, y dejé vagar la imaginación en torno a la vida de los hombres que dedicaban el tiempo a escribir libros sobre mujeres; ¿serían viejos o jóvenes, estarían casados o solteros, tendrían la nariz colorada o joroba…? En cierto modo, era un halago, aunque difuso, sentirse el objeto de semejantes atenciones, siempre que no las ofreciesen únicamente los tullidos y los enclenques. Y así me entretuve hasta que aquellos pensamientos tan frívolos quedaron interrumpidos cuando una avalancha de libros cayó ante mí sobre la mesa de la biblioteca. Entonces empezó el problema. El estudiante que ha aprendido a investigar en Oxbridge sin duda cuenta con algún método para guiar su pregunta salvando todas las distracciones hasta que llega a su respuesta, igual que una oveja llega a su redil. El estudiante sentado a mi lado, por ejemplo, que copiaba con diligencia de un manual científico, extraía, no me cabía duda, puras pepitas del mineral esencial más o menos cada diez minutos. Sus leves gruñidos de satisfacción así lo indicaban. Pero si, por desgracia, una no tiene formación universitaria, la pregunta, lejos de ser conducida hasta su redil, se desperdiga como un rebaño asustado por aquí y por allá, atolondrado, perseguido por una jauría entera de perros. Catedráticos, profesores, sociólogos, clérigos, novelistas, ensayistas, periodistas, hombres que no tenían más cualificación que la de no ser mujeres persiguieron a mi sencilla y solitaria pregunta —¿por qué son pobres algunas mujeres?— hasta convertirla en cincuenta preguntas; hasta que las cincuenta preguntas saltaron frenéticas al río y fueron arrastradas por la corriente. Hasta la última página de mi libreta acabó con notas garabateadas. Para ejemplificar en qué estado se hallaba mi mente, les leeré unas cuantas, advirtiendo que la página tenía el sencillo encabezado de LAS MUJERES Y LA POBREZA, en letras mayúsculas separadas; pero lo que seguía a ese título era algo parecido a esto:

Condición en la Edad Media de,
Costumbres en las islas Fiji de,
Idolatradas como diosas por,
Más débiles en el sentido moral que,
Idealismo de,
Mayores escrúpulos de,
Habitantes de las islas del Mar del Sur, edad de pubertad entre,
Atractivo de,
Ofrecidas en sacrificio a,
Tamaño reducido del cerebro de,
Subconsciente más profundo de,
Menos vello corporal de,
Inferioridad mental, moral y física de,
Amor por los niños de,
Mayor esperanza de vida de,
Músculos más débiles de,
Fortaleza de los afectos de,
Vanidad de,
Educación superior de,
Opinión de Shakespeare sobre,
Opinión de lord Birkenhead sobre,
Opinión del deán Inge sobre,
Opinión de La Bruyère sobre,
Opinión del doctor Johnson sobre,
Opinión del señor Oscar Browning sobre,

Aquí tomé aire y añadí en el margen, lo prometo: ¿Por qué Samuel Butler dice «Los hombres sabios nunca dicen lo que piensan sobre las mujeres»? Al parecer, es lo único que dicen los hombres sabios. Pero, continué, reclinándome en la silla y contemplando la imponente cúpula en la que yo no era más que un simple pero ahora algo abrumado pensamiento, la mayor desgracia es que los hombres sabios nunca piensan lo mismo sobre las mujeres. Por ejemplo, Pope dice:

La mayoría de las mujeres no tienen carácter.

Mientras que La Bruyère dice esto:

Les femmes sont extrêmes, elles sont meilleures ou pires que les hommes…[8]

Una contradicción manifiesta entre dos observadores atentos que eran contemporáneos. ¿Son capaces de recibir educación o son incapaces? Napoleón consideraba que eran incapaces. El doctor Johnson opinaba lo contrario.*

* «"Los hombres saben que las mujeres los superan, y por lo tanto eligen a las más débiles o a las más ignorantes. Si no pensaran eso, nunca tendrían miedo de que las mujeres supieran tanto como ellos" […]. En justicia hacia ese sexo, considero de lo más honesto reconocer que, en una conversación posterior, me dijo que hablaba en serio», James Boswell, *The Journal of a Tour to the Hebrides*. [Hay trad. cast.: *Diario de un viaje a las Hébridas con Samuel Johnson*, trad. de Antonio Rivero Taravillo, Valencia, Pre-Textos, 2016].

¿Tienen alma o no tienen alma? Algunos salvajes dicen que no tienen. Otros, por el contrario, aseguran que las mujeres son medio divinas y las adoran por eso.* Algunos eruditos sostienen que las mujeres tienen el cerebro más plano; otros, que su consciencia es más profunda. Goethe las honraba; Mussolini las desprecia. Allá donde mirase, los hombres opinaban sobre las mujeres, y opinaban cosas distintas. Era imposible sacar algo en claro, decidí, mientras observaba con envidia al lector de al lado, que estaba haciendo unos resúmenes de lo más pulcros, encabezados a menudo con una A o una B o una C, mientras que mi cuaderno batallaba con el galimatías más revuelto de apuntes contradictorios. Era descorazonador, era desconcertante, era humillante. La verdad se me había colado entre los dedos. Se había perdido hasta la última gota.

No podía volver a casa, me dije, y que mi única contribución al estudio de las mujeres y las obras de ficción fuese que las mujeres tienen menos vello corporal que los hombres o que la edad de la pubertad entre los habitantes de las islas del Mar del Sur es los nueve años —¿o eran los noventa?—, incluso mi letra se había vuelto indescifrable con tanta distracción. Era bochornoso

* «Los antiguos germanos creyeron que había algo sagrado en las mujeres y en consecuencia las consultaban como oráculos», James George Frazer, *Golden Bough*. [Traducción extraída de James George Frazer, *La rama dorada*, trad. de Elizabeth y Tadeo I. Campuzano, Fondo de Cultura Económica, México, D.F., Madrid, 1944, 1981, p. 128].

no tener nada más respetable o relevante que mostrar tras una mañana entera de trabajo. Y si no era capaz de averiguar la verdad sobre M. (como había pasado a llamarla en aras de la brevedad) en el pasado, ¿por qué molestarme en comprender a M. en el futuro? Parecía una auténtica pérdida de tiempo consultar a todos esos caballeros que se especializan en la mujer y su influencia en cualquier ámbito —política, descendencia, salarios, moralidad—, por muy numerosos e ilustrados que fueran. Daría lo mismo si dejase todos sus libros sin abrir.

Pero mientras reflexionaba, casi de forma inconsciente, en mi languidez, en mi desesperación, había ido haciendo un esbozo cuando, igual que mi compañero de mesa, tendría que haberme dedicado a escribir una conclusión. Había dibujado un rostro, una silueta. Era el rostro y la silueta del catedrático Von X enfrascado en la escritura de su monumental obra titulada *La inferioridad mental, moral y física del sexo femenino*. En mi dibujo, no era un hombre atractivo para las mujeres. Era robusto; tenía una papada inmensa, para compensar unos ojos muy pequeños; tenía la cara muy colorada. Su expresión insinuaba que batallaba con alguna emoción que lo hacía agarrar la pluma y clavarla en el papel como si estuviera matando algún insecto nocivo mientras escribía, pero ni siquiera después de matarlo se quedó satisfecho; debía continuar matándolo; y, pese a todos sus esfuerzos, cierta causa del enfado y la irritación permanecía. ¿Acaso se trataría de su esposa, me pregunté, mirando mi dibujo? ¿Estaría enamorada de un oficial de caballería? ¿Acaso el oficial de caballería sería esbelto y elegante y vestiría de astracán? ¿O acaso se había reído de él una hermosa muchacha, por adoptar la teoría freudiana, cuando estaba en la cuna? Porque ni siquiera en la cuna, pensé, podía haber sido un niño atractivo aquel profesor. Fuera cual fuese el motivo, el caso es que en mi boceto el catedrático parecía muy enfadado y muy feo, mientras escribía su importante libro sobre la inferioridad mental, moral y física de las mujeres. Hacer dibujos era un modo ocioso de terminar una mañana de trabajo improductivo. No obstante, es en nuestra ociosidad, en nuestros sueños, cuando la verdad sumergida a veces aflora a la superficie. Un ejercicio muy elemental de psicología, que no debe considerarse digno del nombre de psicoanálisis, me mostró, al contemplar mi libreta, que el boceto del catedrático enfadado lo había realizado con enfado. Sí, la ira me había arrebatado el lápiz mientras soñaba. Pero ¿qué hacía aquí la ira? Interés, confusión, entretenimiento, aburrimiento… Era capaz de reseguir y nombrar todas esas emociones conforme habían ido sucediéndose a lo largo de la mañana. ¿Acaso la ira, la serpiente negra, estaba agazapada entre ellas? Sí, decía el boceto, ahí estaba la ira. Me remitió con seguridad al libro en cuestión, a la frase en cuestión que había despertado al demonio; era la aseveración del catedrático acerca de la inferioridad mental, moral y física de las mujeres. El corazón me había dado un vuelco. Las mejillas se me habían encendido. Me había sonrojado de rabia. Aunque, por ridículo que fuera, no había nada especialmente destacable en eso. Al fin y al cabo, a una no le gusta que le digan que, por naturaleza, es inferior a un hombrecillo —miré al estudiante que tenía al lado— que respira con dificultad, lleva una corbata con el nudo ya hecho y no se ha afeitado desde hace dos semanas. Desde luego, una tiene ciertas vanidades ridículas. Así es la naturaleza humana, reflexioné, mientras me ponía a dibujar carruajes y círculos encima del rostro del catedrático enfadado hasta que empezó a parecerse a un arbusto ardiendo o a un cometa encendido... En pocas palabras, una aparición sin parecido humano ni significado. Ahora el catedrático no era más que un haz de leña que ardía sobre Hampstead Heath. Al cabo de poco conseguí explicar y mitigar mi ira; pero la curiosidad persistió. ¿Cómo podía explicar la ira de los catedráticos? ¿Por qué estaban enfadados? Pues, cuando se trataba de analizar la impresión que dejaban esos libros, siempre se apreciaba un elemento de fuego. Dicho fuego adoptaba numerosas formas; se mostraba en la sátira, en el sentimiento, en la curiosidad, en la reprobación. Pero había otro elemento que solía estar presente y que no era tan fácil de identificar de entrada. Ira, lo había llamado. Pero era una ira que había bajado al subsuelo y se había mezclado con toda clase de emociones distintas. A juzgar por sus extraños efectos, era una ira disfrazada y compleja, no una ira sencilla y manifiesta.

Por el motivo que sea, todos esos libros, pensé mientras repasaba la pila de la mesa, son inútiles para mi objetivo. Es decir, eran inútiles desde el punto de vista científico, aunque desde el humano estaban llenos de enseñanzas, interés, tedio y datos muy curiosos acerca de las costumbres de los habitantes de las islas Fiji. Habían sido escritos con la luz roja de la emoción y no con la luz blanca de la verdad. Por lo tanto, debía devolverlos al mostrador central para que recolocaran cada uno de ellos en su propia celda dentro del enorme panal. Lo único que había obtenido de los esfuerzos de aquella mañana había sido el hecho irrefutable de la ira. Los catedráticos —y ahí los metía a todos en el mismo saco— estaban furiosos. Pero ¿por qué?, me pregunté tras devolver los libros, ¿por qué?, repetí, ya plantada en la galería de las palomas y las canoas prehistóricas, ¿por qué están enfadados? Y, mientras me hacía esta pregunta, fui en busca de un sitio donde comer. ¿Cuál es la verdadera naturaleza de lo que, de momento, llamaré su ira?, me pregunté. Se trataba de una incógnita que duraría todo lo que se tarda en que a una le sirvan la comida en un restaurante pequeño próximo al Museo Británico. Algún comensal anterior había dejado la edición del mediodía del periódico vespertino en una silla, así que, mientras esperaba a que me sirvieran, me puse a leer los titulares con despreocupación. Un titular enorme ocupaba la página. Alguien había anotado un alto número de carreras en Sudáfrica. Otros titulares más modestos anunciaban que sir Austen Chamberlain estaba en Ginebra. Habían encontrado en una bodega un hacha de carnicero con pelo humano pegado. El señor juez …

comentaba en el Tribunal de Divorcios la Desvergüenza de las Mujeres. Otras noticias salpicaban el periódico. Habían bajado de un pico de California a una actriz de cine y la habían dejado suspendida en el aire. El tiempo iba a estar nublado. Incluso el visitante más fugaz de este planeta, pensé, que cogiera por casualidad este periódico, se daría cuenta sin poder evitarlo, incluso a partir de este testimonio tan fragmentario, de que Inglaterra está gobernada por un patriarcado. Nadie en su sano juicio podría dejar de detectar la dominación del catedrático. Suyo era el poder y el dinero y la influencia. Él era el propietario del papel y el editor del periódico y el redactor. Él era el ministro de Asuntos Exteriores y el juez. Él era quien jugaba al críquet; era el dueño de los caballos de carreras y de los yates. Él era el director de la empresa que paga el doscientos por ciento a sus accionistas. Él donaba millones a causas benéficas y a universidades que él mismo dirigía. Él había dejado suspendida en el aire a la actriz de cine. Él decidirá si el pelo del hacha de carnicero es humano; él absolverá o condenará al culpable, y lo ahorcará, o lo dejará en libertad. Excepto la niebla, parecía controlarlo todo. Y aun así, estaba furioso. Yo sabía que estaba enfadado por este detalle. Cuando leí lo que el catedrático había escrito sobre las mujeres no pensé en lo que estaba diciendo, sino en él. Cuando quien discute lo hace de forma desapasionada, solo piensa en el tema de discusión; y quien lo lee no puede evitar pensar también en la discusión. Si aquel hombre hubiera escrito de forma desapasionada sobre las mujeres, si hubiera empleado pruebas irrefutables en apoyo de sus argumentos y no hubiera mostrado preferencia alguna por un resultado sobre otro, una servidora tampoco se habría enfadado al leerlo. Habría aceptado el hecho, igual que se acepta el hecho de que un guisante es verde, y un canario, amarillo. Así son las cosas, habría dicho yo. Pero me había enfadado porque él estaba enfadado. Mas parecía absurdo, pensé mientras daba la vuelta al periódico vespertino, que un hombre con semejante poder estuviera enfadado. ¿O acaso la ira —me pregunté— es de algún modo el duendecillo familiar que acompaña al poder? Las personas ricas, por ejemplo, a menudo se enfadan porque sospechan que los pobres quieren arrebatarles la riqueza. Los catedráticos, o patriarcas, como sería más acertado llamarlos, podían estar enfadados en parte por ese motivo, pero en parte también por otro que flota de una forma menos evidente en la superficie. Tal vez en realidad no estuvieran en absoluto «enfadados»; a menudo, de hecho, mostraban admiración, devoción, una actitud ejemplar en las relaciones de la vida privada. Tal vez cuando el catedrático insistía de forma quizá demasiado enfática sobre la inferioridad de las mujeres, lo que le preocupase no fuera la inferioridad de ellas, sino la superioridad de él mismo. Eso era lo que estaba protegiendo bastante impetuosamente y con excesiva vehemencia, porque para él era una joya de valor incalculable. Para los dos sexos —y los miré, abriéndose paso a codazos por la acera— la vida es ardua, difícil, una lucha continua. Requiere una fortaleza y un valor inmensos. Y más que cualquier otra cosa, quizá, dado que somos criaturas de ilusión, requiere confianza en uno mismo. Sin confianza en nosotros mismos somos como recién nacidos en la cuna. ¿Y cuál es la manera más rápida de generar esa cualidad imponderable, que sin embargo es tan valiosa? Pensar que otras personas son inferiores a nosotros. Sentir que tenemos alguna superioridad innata —ya sea la riqueza o el rango o una nariz recta o el retrato de un abuelo pintado por Romney, pues los patéticos mecanismos de la imaginación humana no tienen fin— sobre otras personas. De ahí la enorme importancia que, para un patriarca obligado a conquistar, obligado a gobernar, tiene el pensar que muchísima gente, en concreto la mitad de la raza humana, es por naturaleza inferior a él. Sin duda debe de ser una de las principales fuentes de su poder. Pero voy a dirigir el foco de esta observación hacia la vida real, pensé. ¿Sirve para explicar algunas de las incógnitas psicológicas que percibo en el margen de la vida diaria? ¿Acaso explica mi perplejidad el otro día cuando Z, el más humano y modesto de los hombres, cogió un libro de Rebecca West, leyó un párrafo suelto y exclamó: «¡Menuda feminista recalcitrante! ¡Dice que los hombres son esnobs!»? Esa exclamación me resultó sorprendente, pues ¿por qué era la señorita West una feminista recalcitrante por expresar una opinión posiblemente cierta, aunque poco elogiosa, acerca del otro sexo? ¿No era meramente el grito de la vanidad herida? El comentario de Z era una protesta contra cierta violación de su derecho a creer en sí mismo. Durante todos estos siglos, las mujeres han servido de espejos dotados del mágico y delicioso poder de reflejar la figura del hombre duplicando su tamaño natural. Sin ese poder, probablemente la tierra continuaría siendo marisma y selva. Se desconocerían las glorias de todas nuestras guerras. Aún seguiríamos marcando siluetas de ciervos en los restos de huesos de carnero e intercambiando pedernal por pellizas de borreguillo o por cualquier simple ornamento que apeteciera a nuestro poco sofisticado gusto. Los superhombres y los Dedos del Destino no habrían existido jamás. El zar y el káiser jamás habrían ganado coronas ni las habrían perdido. Sea cual sea su utilidad en las sociedades civilizadas, los espejos son esenciales para todas las acciones violentas y heroicas. Por eso Napoleón y Mussolini insistían tan rotundamente en la inferioridad de las mujeres, porque si ellas no eran inferiores, ellos dejarían de crecer. Eso sirve para explicar en parte por qué los hombres necesitan tan a menudo a las mujeres. Y sirve para explicar por qué les incomoda tanto la crítica de una mujer; hasta qué punto es imposible que ella les diga que este libro es malo, que este cuadro es mediocre, o lo que sea, sin que les provoque mucho más dolor y les despierte mucha más ira que la misma crítica hecha por un hombre. Porque, si ella empieza a decir la verdad, la figura del espejo se encoge; su aptitud para la vida mengua. ¿Cómo va a continuar él emitiendo juicios, civilizando a indígenas, elaborando leyes, escribiendo libros, vistiendo de etiqueta y dando discursos en banquetes, si no puede verse durante el desayuno y la cena por lo menos el doble de grande de lo que en realidad es? Esas eran mis elucubraciones, mientras desmigaba el pan y removía el café y, de vez en cuando, miraba a la gente que pasaba por la calle. La vista del espejo es de suma importancia porque recarga la vitalidad; estimula el sistema nervioso. Si la arrebatamos, el hombre podría morir, igual que el drogadicto privado de su cocaína. La mitad de las personas que pasan por la acera, pensé, mirando por la ventana, se dirigen al trabajo bajo el hechizo de esa ilusión. Se ponen el sombrero y el abrigo por la mañana bajo sus agradables rayos. Empiezan el día seguros, preparados, creyéndose llamados a tomar el té en casa de la señorita Smith; se dicen mientras entran en la sala: soy superior a la mitad de gente que hay aquí, y así hablan con la confianza, la seguridad y el aplomo que han tenido tan hondas consecuencias en la vida pública y motivan notas tan curiosas en el margen de la mente privada.

Sin embargo, esta contribución al peligroso y fascinante tema de la psicología del otro sexo —un tema que confío en que ustedes investiguen más a fondo cuando tengan quinientas libras propias al año— quedó interrumpida por la necesidad de pagar la cuenta. Ascendía a cinco chelines y nueve peniques. Le di al camarero un billete de diez chelines y fue a buscar el cambio. En el monedero llevaba otro billete de diez chelines; me percaté porque es un hecho que todavía me corta la respiración: la capacidad de mi monedero de criar billetes de diez chelines de forma automática. Lo abro y ahí están. La sociedad me da pollo y café, cama y alojamiento, a cambio de cierta cantidad de papelitos que me dejó una tía, sin más motivo que el de compartir su apellido.

Debo decirles que mi tía, Mary Beton, murió de una caída del caballo una vez que salió a tomar el aire en Bombay. La noticia de mi legado me fue comunicada una noche, casi a la par que se aprobaba una ley que otorgaba el voto a las mujeres. En el buzón encontré la carta de un abogado y, cuando la abrí, descubrí que mi tía me había dejado en testamento quinientas libras al año para toda la vida. De las dos cosas —el voto y el dinero—, el dinero, lo reconozco, me pareció infinitamente más importante. Hasta entonces me había ganado la vida mendigando encargos sueltos para periódicos, cubriendo un espectáculo con burros por aquí o una boda por allá; había ganado algunas libras escribiendo sobres, leyendo a ancianas, haciendo flores artificiales, enseñando el alfabeto en un jardín de infancia. Esas eran las principales ocupaciones a las que las mujeres podían optar antes de 1918. Me temo que no es necesario que les describa con detalle la dureza del trabajo, pues tal vez conozcan ustedes a mujeres que lo hayan hecho; tampoco hablaré de la dificultad de vivir con el dinero que una se gana, pues tal vez lo hayan intentado también. Pero lo que todavía sigo considerando un peor castigo que esas dos cosas era el veneno del miedo y la amargura que aquellos días me inocularon. Para empezar, pasarse el día haciendo un trabajo que una no deseaba hacer y hacerlo como una esclava, halagando y sonriendo; tal vez no siempre fuera obligatoria esa actitud, pero a una le parecía necesaria y había demasiado en juego para correr riesgos; y luego pensar en ese único don que era una tragedia ocultar… un don pequeño pero muy apreciado por quien lo posee… un don que perecía y con él mi ser, mi alma… todo eso se convirtió en un óxido que corroía el florecer de la primavera, destruía el árbol desde su corazón. Sin embargo, como iba diciendo, mi tía murió; y cada vez que cambio un billete de diez chelines, una parte de ese óxido y esa corrosión se borra; el miedo y la amargura también. De hecho, pensé, mientras metía las monedas del cambio en el monedero, es asombroso, si recuerdo la amargura de aquellos tiempos, el cambio de temperamento que pueden provocar unos ingresos fijos. No hay fuerza en el mundo que pueda arrebatarme mis quinientas libras. Casa, comida y ropa serán mías para siempre. Por lo tanto, no únicamente han cesado el esfuerzo y el trabajo duro, sino también el odio y la amargura. No me hace falta odiar a ningún hombre; no puede hacerme daño. No me hace falta halagar a ningún hombre; no tiene nada que darme. De forma casi imperceptible, acabé adoptando una actitud nueva hacia la otra mitad de la raza humana. Era absurdo culpar a una clase social o a un sexo, en conjunto. Las grandes cantidades de personas nunca son responsables de lo que hacen. Se ven movidas por instintos que escapan a su control. También ellos, los patriarcas, los catedráticos, se enfrentaban a interminables dificultades, tenían que sortear terribles escollos. En algunos aspectos, su formación había sido tan deficiente como la mía. Les había provocado defectos igual de grandes. Cierto, tenían dinero y poder, pero solo a costa de albergar en el pecho un águila, un buitre, que les arranca el hígado y picotea los pulmones sin cesar: el instinto de posesión, el ansia por adquirir que los lleva a desear perpetuamente los campos y los bienes de otras personas; a crear fronteras y banderas; a fabricar barcos de guerra y gas venenoso; a ofrecer su vida y la de sus hijos. Crucen el Arco del Almirantazgo (había llegado a ese monumento) o cualquier otra avenida dedicada a los trofeos y cañones, y reflexionen acerca del tipo de gloria que celebran. U observen bajo el sol primaveral al corredor de bolsa y al gran abogado que entran en la oficina para hacer dinero y más dinero y más dinero cuando es un hecho que quinientas libras al año pueden mantener a alguien vivo bajo el sol. Albergar semejantes instintos es muy desagradable, reflexioné. Nacen de las condiciones de vida; de la falta de civilización, pensé, mirando la estatua del duque de Cambridge, y en concreto las plumas de su tricornio, con una atención que dudo que hubieran recibido antes. Y, mientras tomaba conciencia de tales escollos, de forma paulatina el miedo y la amargura se transformaron en lástima y tolerancia; y luego, al cabo de un par de años, la lástima y la tolerancia se esfumaron y llegó la mayor liberación de todas, que es la libertad para pensar en las cosas en sí. Ese edificio, por ejemplo, ¿me gusta o no? ¿Ese cuadro es bonito o no?

¿En mi opinión ese libro es bueno o malo? Sin duda, el legado de mi tía me descubrió el cielo, y sustituyó la inmensa e imponente figura de un caballero, que Milton me recomendaba adorar para siempre, por una vista del cielo abierto.

Con esos pensamientos, con esas especulaciones me dirigí otra vez a casa bordeando el río. Estaban encendiendo las farolas y un cambio indescriptible se había obrado en Londres desde la mañana. Era como si la gran máquina, después de trabajar todo el día, hubiera fabricado con nuestra ayuda unos cuantos metros de algo muy emocionante y hermoso: un feroz tejido en el que relucían unos ojos rojos, un monstruo leonado que rugía con un aliento caliente. Incluso el viento parecía colgado como una bandera mientras azotaba las casas y sacudía las carteleras.

En mi callecita, no obstante, prevalecía lo doméstico. El pintor de brocha gorda bajaba de la escalera de mano; la niñera empujaba el carrito con cuidado para volver a tiempo para la cena infantil; el estibador doblaba sus sacos de carbón vacíos uno encima de otro; la mujer que atiende en la verdulería contaba las ganancias de ese día con las manos enfundadas en mitones rojos. Pero tan absorta estaba yo en el peso que han puesto ustedes sobre mis hombros que ni siquiera era capaz de ver esas estampas habituales sin acercarlas a un único centro. Pensé cuánto más difícil era ahora de lo que debía de ser hace un siglo decidir cuál de esos empleos era el más elevado, el más necesario. ¿Es mejor ser estibador o niñera; es la limpiadora que ha criado a ocho hijos menos valiosa para el mundo que el abogado que ha amasado cien mil libras? Es inútil plantearse esas preguntas; porque nadie puede responderlas. No solo suben y bajan de década a década los valores relativos de las limpiadoras y los abogados, sino que no tenemos varas con las que medir cómo se encuentran siquiera en este preciso momento. Había sido una ingenua al pedirle a mi catedrático que me proporcionara «pruebas irrefutables» de este o aquel argumento contra las mujeres. Incluso si alguien fuese capaz de fijar el valor de un don concreto en un momento preciso, esos valores cambiarán; lo más probable es que dentro de un siglo hayan cambiado por completo. Es más, dentro de cien años, pensé, mientras llegaba al umbral de mi puerta, las mujeres habrán dejado de ser el sexo protegido. Como es lógico, participarán en todas las actividades y trabajos físicos que antaño les fueron negados. La niñera cargará carbón. La tendera conducirá un vehículo. Todos los supuestos basados en los hechos observados cuando las mujeres eran el sexo protegido habrán desaparecido: como, por ejemplo (en ese momento un pelotón de soldados pasó en formación por la calle), que las mujeres, los clérigos y los jardineros viven más que otras personas. Si quitamos esa protección, si las exponemos a los mismos trabajos físicos y actividades, si las hacemos soldados y marineras y conductoras de vehículos y estibadoras del puerto, ¿acaso no se extinguirán las mujeres mucho más jóvenes, mucho más rápido que ahora los hombres, hasta el punto de que la gente dirá

«Hoy he visto a una mujer», como la gente decía en tiempos «Hoy he visto un avión»? Todo puede suceder cuando la feminidad deje de ser una ocupación protegida, pensé, abriendo la puerta. Pero ¿qué interés tiene todo esto para el tema de mi artículo: las mujeres y la novela?, me pregunté mientras entraba en casa.

3

Era decepcionante no poder volver a casa por la tarde con alguna afirmación importante, algún hecho auténtico. Las mujeres son más pobres que los hombres por... esto o aquello. Tal vez fuera más conveniente renunciar a buscar la verdad y contentarse con dejarse inundar por una avalancha de opiniones caliente como la lava, descolorida como el agua de fregar. Lo mejor sería correr las cortinas; apartar las distracciones; encender la lámpara; acotar la investigación y pedir al historiador, que no recopila opiniones sino hechos, que describiera en qué circunstancias vivían las mujeres, no a lo largo de la historia sino en Inglaterra, pongamos, en la época isabelina.

Porque es una eterna incógnita el porqué ninguna mujer escribió ni una palabra de aquella literatura extraordinaria cuando cualquier hombre, daba la impresión, era capaz de componer cantos o sonetos. ¿En qué condiciones vivían las mujeres?, me pregunté; porque la obra de ficción, es decir, el fruto de la imaginación, no cae cual guijarro en el suelo, como puede ocurrir con la ciencia; la obra de ficción es como una tela de araña, sujeta de un modo de lo más sutil, tal vez, pero sujeta al fin y al cabo a la vida por las cuatro esquinas. A menudo el vínculo apenas se percibe; las obras de Shakespeare, por ejemplo, parecen suspendidas en el aire sin ningún punto de apoyo. Pero cuando algo tira de la tela de araña, cuando se engancha en el borde o se rompe el centro, una recuerda que esas peculiares retículas no las tejen flotando en el aire unas criaturas incorpóreas, sino que son fruto del sufrimiento de los seres humanos y están sujetas a cosas toscamente materiales, como la salud y el dinero y las casas en las que vivimos.

Así pues, me acerqué a la estantería donde tengo los libros de historia y saqué uno de los últimos, *Historia social de Inglaterra*, del profesor Trevelyan. Una vez más busqué en el índice la entrada sobre las Mujeres, encontré «posición de» y me remití a las páginas indicadas. «Pegar a la esposa —leí— era un derecho reconocido del hombre, y se practicaba sin pudor tanto en las clases altas como en las bajas [...]. De forma análoga», continúa el historiador, «la hija que se negaba a casarse con el caballero que habían elegido sus padres se arriesgaba a ser encerrada en la alcoba, a recibir palizas y empujones, sin que la opinión pública mostrase la menor estupefacción. El matrimonio no era cuestión de afecto personal, sino de la avaricia familiar, sobre todo en las "caballerosas" clases altas. [...] El compromiso a menudo tenía lugar cuando uno de los miembros de la pareja, o ambos, estaban aún en la cuna, y la boda en sí se celebraba casi en cuanto se despedían de las niñeras». Se refería al año 1470, poco después de la época de Chaucer. La siguiente referencia a la posición de las mujeres aparece alrededor de doscientos años más tarde, en la época de los Estuardos. «Continuaba siendo una excepción para las mujeres de clase alta y clase media el elegir a su marido, y, cuando se les asignaba esposo, este se convertía en dueño y señor, por lo menos hasta donde la ley y la costumbre se lo permitían. Pero aun así —concluye el profesor Trevelyan— ni las mujeres de Shakespeare ni las de las verdaderas memorias del siglo XVII parecen carecer de personalidad y carácter». Desde luego, si nos paramos a pensar, Cleopatra debía de ser de armas tomar; lady Macbeth, es de suponer, tenía voluntad propia; Rosalinda, podríamos afirmar, era una muchacha atractiva. El profesor Trevelyan no dice sino la verdad cuando comenta que las mujeres de Shakespeare no parecen carecer de personalidad y carácter. Al no ser historiadora, una podría aventurarse un paso más y decir que las mujeres han ardido como faros en todas las obras de todos los poetas desde el principio de los tiempos: Clitemnestra, Antígona, Cleopatra, lady Macbeth, Fedra, Crésida, Rosalinda, Desdémona, la duquesa de Malfi, entre los dramaturgos; luego, entre los escritores de prosa: Millamant, Clarisa, Becky Sharp, Anna Karénina, Emma Bovary, madame de Guermantes... Los nombres se acumulan en la mente, y ninguno de ellos sugiere que las mujeres «carezcan de personalidad o carácter». De hecho, si la mujer no tuviera existencia salvo en las obras de ficción escritas por hombres, me la imaginaría como una persona de lo más influyente; muy variada; heroica y malvada; espléndida y sórdida; infinitamente bella y horrenda en extremo; tan admirable como un hombre, y hay quien diría que incluso más.* Pero esa mujer está en la ficción. En la realidad, como apunta el profesor Trevelyan, acababa encerrada, apalizada y tirada a empujones por la habitación.

Por lo tanto, de ahí emerge un ser complejo y muy curioso. En la imaginación, es alguien de suma importancia; en la práctica, es completamente insignificante. Inunda la poesía de principio a fin de los libros; está ausente casi por completo en la historia. Domina las vidas de

* «Continúa siendo un hecho extraño y casi inexplicable que, en la ciudad de Atenas, donde las mujeres sufrían una supresión casi oriental como odaliscas o esclavas, la dramaturgia produjera figuras como Clitemnestra y Casandra, Atosa y Antígona, Fedra y Medea, y todas las demás heroínas que dominan obra tras obra del "misógino" Eurípides. Pero la paradoja de este mundo donde en la vida real una mujer respetable apenas podía mostrar la cara por la calle cuando iba sola, al tiempo que en el escenario la mujer igualaba o superaba al hombre, no se ha explicado jamás de forma satisfactoria. En la tragedia moderna existe la misma predominancia. En todos los casos, incluso un somero repaso de las obras de Shakespeare (y lo mismo ocurre con Webster, aunque no con Marlowe o Jonson) basta para revelar hasta qué punto esa dominancia, esta iniciativa por parte de las mujeres, persiste desde Rosalinda hasta lady Macbeth. Así sucede también en Racine; seis de sus tragedias llevan por título el nombre de sus heroínas; y ¿qué personajes masculinos suyos podríamos equiparar a Hermione y Andrómaca, Berenice y Roxana, Fedra y Atalía? Y lo mismo sucede con Ibsen; ¿qué hombres pueden compararse con Solveig y Nora, Hedda y Hilda Wangel y Rebecca West?», F. L. Lucas, *Tragedy*, pp. 114-115.

reyes y conquistadores en la ficción; en la realidad, era la esclava de cualquier mozo a quien la unieran sus padres por la fuerza con una alianza en el dedo. Algunas de las palabras más inspiradas, algunos de los pensamientos más profundos de la literatura salen de sus labios; en la vida real, apenas sabía leer, apenas sabía escribir y era propiedad de su marido.

Desde luego, si una leía primero a los historiadores y después a los poetas, acababa por imaginarse un monstruo bien extraño: un gusano con alas de águila; el espíritu de la vida y la belleza en una cocina cortando sebo. Pero esos monstruos, por estimulantes que resulten para la imaginación, no tienen existencia en la realidad. Lo que habría que hacer para dotarla de vida sería pensar de forma poética y prosaica al mismo tiempo, a fin de mantener el vínculo con los hechos: que se trata de la señora Martin, tiene treinta y seis años, va vestida de azul, lleva un sombrero negro y zapatos marrones; pero sin perder de vista tampoco la ficción: que es una vasija en la que toda clase de espíritus y fuerzas maldicen y centellean perpetuamente. No obstante, en el momento en que se intenta aplicar este método a la mujer isabelina, una rama de la iluminación cae; una se atasca por la escasez de datos. No se sabe nada detallado, nada del todo cierto y fundamental sobre la mujer. La historia apenas la menciona. Así que volví a dirigirme al profesor Trevelyan para ver qué significaba la historia para él. Descubrí a qué se refería al leer los títulos de sus capítulos: «La casa señorial y los métodos de la agricultura en campo abierto… Los cistercienses y el pastoreo de ovejas… Las Cruzadas… La universidad… La Cámara de los Comunes… La guerra de los Cien Años… Las guerras de las Rosas… Los estudiosos renacentistas… La disolución de los monasterios… Conflictos agrarios y religiosos… El origen del poder marítimo de Inglaterra… La Armada…», y así sucesivamente. De vez en cuando se menciona a alguna mujer, alguna Elizabeth o alguna Mary; una reina y una gran dama. Pero bajo ningún concepto las mujeres de clase media sin más cosas a su disposición que sesos y carácter podrían haber participado en uno solo de los grandes movimientos que, agrupados, constituyen el punto de vista del historiador sobre el pasado. Tampoco la encontraremos en ninguna recopilación de anécdotas. Aubrey apenas la menciona. La mujer casi nunca escribe su propia vida y rara vez lleva un diario; solo existen un puñado de cartas suyas. No dejó obras de teatro ni poemas con los que podamos juzgarla. Lo que desearía, pensé —¿y por qué no lo proporciona alguna estudiante sobresaliente de Newnham o Girton?—, es un cúmulo de información: ¿a qué edad se casó? ¿Cuántos hijos tenía de media? ¿Cómo era su casa? ¿Tenía una habitación propia? ¿Cocinaba? ¿Acaso tenía algún sirviente? Es de suponer que todos esos datos deben estar recogidos en los registros de las parroquias o en los libros de contabilidad; la vida de la mujer isabelina media tiene que estar desperdigaba por alguna parte: ¿no era posible recopilarla y escribir un libro sobre eso? Sería tan ambicioso que supera mi atrevimiento, pensé, buscando en las estanterías libros que no estaban allí, el insinuar a las estudiantes de esas famosas facultades femeninas que deberían reescribir la historia, aunque reconozco que tal como está escrita a menudo parece un poco rara, irreal, parcial; pero ¿por qué no añadían un anexo a la historia, dándole, por supuesto, algún nombre discreto para que las mujeres figurasen en él sin faltar al decoro? Pues a menudo una cree atisbarlas en las vidas de los ilustres, apartadas en el fondo, ocultando, diría yo, un guiño, una risa, quizá una lágrima. Y, al fin y al cabo, existen suficientes biografías de Jane Austen; apenas parece necesario insistir en la influencia de las tragedias de Joanna Baillie sobre la poesía de Edgar Allan Poe; y, por lo que a mí respecta, no me importaría si las casas y lugares favoritos de Mary Russell Mitford estuviesen cerradas al público durante un siglo por lo menos. Pero lo que me resulta deplorable, continué, volviendo a consultar las estanterías, es que no se sepa nada sobre las mujeres que vivieron antes del siglo XVIII. No tengo ningún referente en la cabeza al que pueda volver de un modo u otro. Aquí estoy, preguntándome por qué las mujeres no escribían poesía en la era isabelina, y ni siquiera estoy segura de qué educación recibían; si les enseñaban a escribir; si tenían salas de estar para ellas; cuántas mujeres tenían hijos antes de cumplir veintiún años; en resumen, qué hacían desde las ocho de la mañana hasta las ocho de la noche. Es evidente que carecían de dinero; según el profesor Trevelyan tenían que casarse, les apeteciera o no, antes de dejar atrás la infancia, con frecuencia a los quince o dieciséis años. Habría sido extremadamente peculiar, incluso de haber tenido talento, que una de ellas hubiera escrito de repente las obras de Shakespeare, razoné, y pensé en aquel anciano caballero, que ahora está muerto pero que era obispo, creo, quien declaró que era imposible que alguna mujer, del pasado, del presente o del porvenir, tuviera el talento de Shakespeare. Escribió al respecto en la prensa. También le dijo a una dama que se dirigió a él en busca de información que en realidad los gatos no van al cielo, aunque tengan, añadió, alguna especie de alma. ¡Cuántos pensamientos ahorraban a una esos ancianos caballeros! ¡Cuánto se estrechaban los límites de la ignorancia si una les consultaba! Los gatos no van al cielo. Las mujeres no pueden escribir las obras de Shakespeare.

Así las cosas, no pude evitar pensar, mientras contemplaba las obras de Shakespeare en la estantería, que el obispo tenía razón al menos en eso; habría sido imposible, sí, total y absolutamente imposible, que alguna mujer hubiese escrito las obras teatrales de Shakespeare en la época de Shakespeare. Permítanme imaginar, ya que los hechos son tan difíciles de recopilar, qué habría ocurrido si Shakespeare hubiera tenido una hermana con unas dotes magníficas llamada Judith, pongamos por caso. El propio Shakespeare fue, con gran probabilidad —pues su madre era una heredera—, al colegio, donde debió de aprender latín —Ovidio, Virgilio y Horacio— y nociones elementales de gramática y lógica. Es bien sabido que se trataba de un muchacho intrépido que cazaba conejos, tal vez disparó a algún que otro ciervo, y tuvo que casarse, algo antes de lo que habría deseado, con una mujer del vecindario, que le dio un hijo algo más rápido de lo que era aceptable. Esa correría le obligó a buscar fortuna en Londres. Al parecer, le encantaba el teatro; empezó cuidando de los caballos junto a la puerta de los artistas. Poco después entró a trabajar en el teatro, se convirtió en un actor de éxito y vivió en el centro del universo, se codeó con todo el mundo, conoció bien a todo el mundo, practicó su arte en las tablas, ejercitó su ingenio en las calles e incluso tuvo acceso al palacio de la reina. Mientras tanto, su hermana de dotes extraordinarias, supongamos, se quedó en casa. Era tan aventurera, tan imaginativa y estaba tan ávida de ver el mundo como él. Pero no la mandaron al colegio. No tuvo oportunidad de aprender gramática ni lógica, por no hablar de leer a Horacio y a Virgilio. De vez en cuando cogía un libro, uno de los de su hermano, tal vez, y leía unas cuantas páginas. Pero entonces sus padres iban y le decían que zurciera unos calcetines o vigilara el guiso y no se encandilara con los libros y los periódicos. Seguramente le hablaban con firmeza, pero con amabilidad, porque eran personas sensatas que conocían las condiciones de vida de la mujer y querían a su hija; en realidad, es bastante probable que fuese la niña de los ojos de su padre. Tal vez garabateara unas páginas en el campo de manzanas a hurtadillas, pero tenía por costumbre esconderlas o quemarlas luego. No obstante, pronto, antes de salir de la adolescencia, tuvieron que prometerla con el hijo de un comerciante de algodón de la zona. Al enterarse, la joven bramó que el matrimonio le resultaba odioso y por eso su padre le dio una buena paliza. Después dejó de reprenderla. En lugar de eso, le suplicó que no le hiciera sufrir así, que no lo avergonzase por la cuestión del matrimonio. Su padre le dijo que le regalaría un collar de perlas o una enagua elegante; y tenía lágrimas en los ojos. ¿Cómo iba a desobedecerlo la muchacha? ¿Cómo iba a romperle el corazón a su progenitor? La fuerza de su propia valía fue lo único que le empujó a hacerlo. Hizo un pequeño hatillo con sus pertenencias, se dejó caer por una cuerda una noche de verano y emprendió camino hacia Londres. No había cumplido aún los diecisiete. Los pájaros que cantaban en el seto no eran más musicales que ella. Era rápida como el rayo, igual que su hermano, para captar la musicalidad de las palabras. Igual que a él, le encantaba el teatro. Se plantó ante la puerta de los actores; quería actuar, dijo. Los hombres se rieron en su cara. El director —un hombre gordo y chismoso— soltó una carcajada. Bramó algo sobre perros que bailan y mujeres que actúan: ninguna mujer, dijo, podía llegar a ser actriz, imposible. Insinuó… Pueden imaginarse el qué. La joven no logró recibir formación en su ámbito. ¿Podría al menos buscarse la cena en una taberna o deambular por las calles a medianoche? Pero su talento era para la ficción y ansiaba nutrirse en abundancia con las vidas de hombres y mujeres y el estudio de sus costumbres. Al final —dado que era muy joven, con un rostro extrañamente parecido al de Shakespeare, con los mismos ojos grises y las cejas redondeadas—, al final Nick Greene, el actor-director, se compadeció de ella; la muchacha se quedó embarazada de ese caballero y entonces —¿quién puede medir el calor y la violencia del corazón de un poeta cuando se encuentra atrapado y enredado en el cuerpo de una mujer?— se suicidó una noche de invierno y está enterrada en un cruce de caminos, donde paran ahora los autobuses, a las puertas del Elephant and Castle.

Así es, más o menos, como creo que iría la historia si una mujer de la época de Shakespeare hubiera tenido el talento de Shakespeare. Pero, por mi parte, estoy de acuerdo con el difunto obispo, si es que lo era: es impensable que alguna mujer de la época de Shakespeare tuviera el talento de Shakespeare. Porque un talento como el de Shakespeare no nace entre la gente trabajadora, analfabeta y servil. No nació en Inglaterra entre los sajones y los bretones. No nace hoy en día entre la clase obrera. Así pues, ¿cómo podría haber nacido entre las mujeres cuyo trabajo empezaba, según el profesor Trevelyan, casi antes de que acabara su infancia; que eran forzadas a aceptar ese destino para obedecer a sus padres y retenidas allí por todo el poder de la ley y la costumbre? Y, sin embargo, alguna clase de genialidad debía de existir entre las mujeres, igual que debía de existir entre la clase obrera. De vez en cuando surge una Emily Brontë o un Robert Burns, que destaca y demuestra su presencia. Pero, desde luego, nunca llegó a quedar plasmada en los libros de historia. No obstante, cada vez que leo acerca de una bruja sometida, acerca de una mujer poseída por los demonios, acerca de una mujer sabia vendiendo hierbas, o incluso acerca de un hombre importante que tenía una madre, pienso que nos hallamos ante la pista de una novelista perdida, una poeta reprimida, de alguna Jane Austen muda y sin gloria, alguna Emily Brontë que se reventó los sesos en el brezal o que deambulaba por las carreteras enloquecida por la tortura que su don le había infligido. De hecho, me atrevería a aventurar que Anónimo, quien escribió tantos poemas sin firmarlos, era a menudo una mujer. Fue una mujer quien, según Edward Fitzgerald, si mal no recuerdo, creó las baladas y las canciones populares, cantándoselas en voz baja a sus hijos, entreteniéndose en la rueca con ellas o a lo largo de una noche invernal.

Tal vez esto sea cierto o tal vez sea falso —¿quién puede saberlo?—, pero su parte de verdad, o eso me pareció, al repasar la historia de la hermana de Shakespeare tal como la he inventado, es que cualquier mujer nacida con un gran don en el siglo XVI sin duda se habría vuelto loca, se habría pegado un tiro o habría acabado sus días en alguna cabaña solitaria a las afueras del pueblo, medio bruja, medio hechicera, temida y ridiculizada. Porque no hacen falta muchos conocimientos de psicología para saber que una chica con grandes dotes que hubiera intentado utilizar su don para la poesía se habría visto tan frustrada y ninguneada por los demás, tan torturada y hundida por sus instintos contradictorios que sin la menor duda habría perdido la salud y la cordura. Ninguna muchacha habría podido llegar andando a Londres y plantarse delante de la puerta del teatro y abrirse paso a la fuerza hasta estar delante de los actores-directores sin violentarse en extremo y sufrir una angustia que habría sido irracional —pues la castidad debe de ser una obsesión inventada por ciertas sociedades por razones desconocidas—, pero que no por eso habría dejado de ser inevitable. La castidad tenía entonces, y todavía tiene hoy, una importancia religiosa en la vida de una mujer y se ha recubierto tanto de nervios e instintos que liberarla y sacarla a la luz del día exige un coraje excepcional. Vivir una vida libre en el Londres del siglo XVI habría supuesto para una mujer que era poeta y dramaturga un estrés nervioso y un dilema que probablemente la habría matado. De haber sobrevivido, cualquier cosa que hubiera escrito habría sido deformada y tergiversada por otros, considerada el fruto de una imaginación retorcida y morbosa. E indudablemente, pensé, mirando la estantería en la que no hay obras de teatro escritas por mujeres, su creación habría quedado sin firmar. Estoy convencida de que habría buscado ese refugio, la reliquia de la sensación de castidad que dictaba el anonimato a las mujeres incluso en una época tan tardía como el siglo XIX. Currer Bell, George Eliot, George Sand, todas víctimas de una lucha interna, como demuestran sus escritos, buscaban infructuosamente velar su persona empleando el nombre de un varón. Así respetaban la convención de que la publicidad es detestable en las mujeres, una convención que, si no había sido implantada por el otro sexo, sí se había visto alentada de forma generosa por él (la mayor gloria de una mujer es que no se hable de ella, decía Pericles, un hombre del que justamente se hablaba mucho). El anonimato corre por las venas de las mujeres. El deseo de quedar veladas todavía las posee. Ni siquiera ahora se preocupan por la salud de su fama como hacen los hombres, y, hablando en general, al pasar por delante de una lápida o una placa, no sienten el deseo irresistible de grabar en ellas su nombre, como Alf, Bert o Chas deben hacer para obedecer a su instinto, que murmura si ve pasar a una mujer hermosa, o incluso un perro: *Ce chien est à moi*. Y, por supuesto, puede que no sea un perro, pensé, al recordar Parliament Square, la Sieges Allee y otras avenidas; puede tratarse de un pedazo de tierra o de un hombre con el pelo negro y rizado. Es una de las grandes ventajas de ser una mujer: poder pasar incluso delante de una joven negra muy atractiva sin sentir deseos de convertirla en inglesa.

Así pues, la mujer que nacía con un don para la poesía en el siglo XVI era una mujer infeliz, una mujer en constante lucha consigo misma. Todas las condiciones de su vida, todos sus instintos eran hostiles al estado mental que se requiere para dar rienda suelta a lo que sea que haya en el cerebro. Pero ¿qué estado mental es más propicio para el acto creativo?, me pregunté. ¿Puede una hacerse una idea del estado que fomenta y hace posible una actividad tan extraña? En ese momento abrí el tomo que contiene las tragedias de Shakespeare. ¿Cuál era el estado mental de Shakespeare, por ejemplo, cuando escribió

El rey Lear y *Antonio y Cleopatra*? Sin duda fue el estado mental más favorable para la poesía que haya existido jamás. Pero el propio Shakespeare no dijo ni una sola palabra al respecto. Solo sabemos de forma azarosa, por pura casualidad, que «no hacía ni un borrón». Desde luego, nada dijeron los artistas acerca de su estado mental hasta el siglo XVIII por lo menos. Puede que Rousseau fuera el pionero. En cualquier caso, en el siglo XIX la consciencia de uno mismo se había desarrollado hasta tal punto que era costumbre entre los hombres de letras describir su forma de pensar en confesiones y autobiografías. También se escribían sus vidas, y sus cartas se publicaban después de su muerte. De modo que, aunque no sabemos qué experimentó Shakespeare cuando escribió *El rey Lear*, sí sabemos qué experimentó Carlyle cuando escribió *Historia de la Revolución francesa*; qué experimentó Flaubert cuando escribió *Madame Bovary*; qué experimentó Keats cuando intentaba escribir poesía enfrentándose a la muerte inminente y a la indiferencia del mundo.

Y, a partir de esa cantidad ingente de obras confesionales y de autoanálisis aparecidas en la modernidad, una llega a la conclusión de que escribir una obra maestra casi siempre es una gesta de prodigiosa dificultad. Todo va en contra de la probabilidad de que surja de la mente de un escritor de forma completa y acabada. Por norma general, las circunstancias materiales se oponen. Los perros ladran; la gente interrumpe; el dinero se echa en falta; la salud falla. Es más, acentuando esas complicaciones y haciéndolas aún más difíciles de soportar, está la infame indiferencia del mundo. Este no les pide a los autores que escriban poemas, novelas ni ensayos de historia; no los necesita. Le da igual si Flaubert encuentra la palabra justa o si Carlyle comprueba de un modo escrupuloso tal o cual dato. Naturalmente, no va a pagar por lo que no quiere. Y así el escritor, Keats, Flaubert, Carlyle, sufre, sobre todo en los años creativos de la juventud, toda clase de distracciones y desalientos. Una maldición, un grito de agonía, se eleva de esos libros de análisis y confesión. «Los poetas excelsos en la miseria mueren», esa es la carga de su canción, nos dice Wordsworth. Si algo sale a la luz a pesar de todo esto, es un milagro, y lo más probable es que ningún libro nazca completo y sin deformaciones, tal como lo concibió su autor.

Pero para las mujeres, pensé, mirando de nuevo las estanterías vacías, esas dificultades eran infinitamente más abrumadoras. En primer lugar, tener una habitación propia, ya no digamos una habitación tranquila o insonorizada, era impensable, a menos que sus padres fueran inmensamente ricos o muy nobles, incluso hasta principios del siglo XIX. Como el dinero para sus gastos, que dependía de la buena voluntad de su padre, apenas daba para que pudiera vestirse, no tenía acceso a los alivios con los que contaban incluso Keats, Tennyson o Carlyle, todos hombres pobres, como una caminata, un viajecito a Francia, un alojamiento independiente que, aunque fuese bastante miserable, los protegía de los reclamos y tiranías de su familia. Tales dificultades materiales eran abrumadoras; pero mucho peores eran las inmateriales. La indiferencia del mundo, que Keats y Flaubert y otros hombres de gran talento han considerado tan difícil de soportar, era en el caso de la escritora no indiferencia, sino hostilidad. El mundo no le decía a ella, como les decía a ellos: Escribe si te apetece; me es indiferente. El mundo le decía con una burla: ¿Escribir? ¿Para qué vas a escribir? Aquí las psicólogas de Newnham y Girton podrían socorrernos, pensé, volviendo a contemplar los huecos vacíos en las estanterías. Pues sin duda ha llegado el momento de evaluar los efectos del desaliento en la mente del artista, igual que he visto a una empresa de productos lácteos evaluar los efectos de la leche común y la leche de calidad superior en el cuerpo de las ratas. Metieron dos ratas en jaulas contiguas y, de las dos, una era desconfiada, tímida y pequeña, y la otra era rolliza, atrevida y grande. A ver, ¿con qué comida alimentamos a las mujeres artistas?, me pregunté mientras recordaba, supongo, aquella cena de ciruelas pasas y natillas. Para responder a ese interrogante me bastaba con abrir el periódico vespertino y leer la opinión de lord Birkenhead… Aunque, la verdad, no voy a molestarme en copiar la opinión de lord Birkenhead acerca de la escritura de las mujeres. También dejaré en paz lo que dice el deán Inge. El especialista de Harley Street tendrá permiso para invocar la autoridad de Harley Street a viva voz sin que se me mueva un pelo. Citaré, no obstante, al señor Oscar Browning, dado que Browning fue antaño una figura importante en Cambridge y examinaba a las estudiantes de

Girton y Newnham. El señor Oscar Browning es famoso por haber declarado «que la impresión que se había formado tras repasar diversos exámenes entregados era que, con independencia de la nota que le pusiera al ejercicio, la mejor mujer era intelectualmente inferior al peor hombre». Después de semejante aseveración, el señor Browning volvió a sus dependencias —y lo que sigue es lo que lo humaniza y lo convierte en una persona de cierto peso y majestuosidad—, como iba diciendo, volvió a sus dependencias y encontró a un mozo de cuadra tumbado en el sofá: «Un mero esqueleto, con las mejillas hundidas y amarillentas, tenía los dientes negros y no parecía capaz de dominar sus extremidades [...]. "Es Arthur" [dijo el señor Browning]. "Es un muchacho muy apreciado y con una mente de lo más lúcida"». Siempre me ha parecido que las dos imágenes se complementaban. Y, afortunadamente, en esta era de la biografía, las dos imágenes a menudo se complementan, de modo que somos capaces de interpretar las opiniones de los grandes hombres no solo por lo que dicen, sino también por lo que hacen.

Pero, aunque ahora es posible decir eso, tales opiniones en boca de personas importantes debían de ser más que formidables hace incluso cincuenta años. Supongamos que un padre, con las mejores intenciones, no deseara que su hija se marchase de casa y se hiciera escritora, pintora o investigadora. «Mira lo que dice el señor Oscar Browning», le diría; y no solo estaba el señor Browning; estaba el *Saturday Review*; estaba el señor Greg: «La esencia de las mujeres —dijo el señor Greg con rotundidad— se caracteriza por *recibir el sustento de los hombres y ocuparse de ellos*»; había una cantidad ingente de opiniones masculinas que insistían en que nada podía esperarse de las mujeres en el ámbito intelectual. Incluso si su padre no le leía en voz alta dichas opiniones, cualquier muchacha podía leerlas por su cuenta; y tal lectura, aun en el siglo XIX, debía de apagar su vitalidad y afectar de forma profunda a su trabajo. Siempre debía de haber algún comentario categórico —está prohibido que hagas eso, eres incapaz de hacer lo otro— contra el que protestar, algún escollo que superar. Probablemente, para una novelista este germen haya dejado de tener efecto; porque han existido mujeres novelistas de gran mérito. Pero para las pintoras aún debe de tener bastante peso; y para las mujeres que se dedican a la música, imagino, todavía está presente hoy en día y resulta de lo más venenoso. La compositora está en la actualidad donde estaba la actriz en la época de Shakespeare. Nick Greene, pensé, al recordar la historia que me había inventado sobre la hermana de Shakespeare, dijo que una mujer que actúa le recordaba a un perro que baila. Johnson repitió la frase doscientos años después acerca de una mujer que predica. Y aquí, dije mientras abría un libro sobre música, tenemos las palabras exactas utilizadas de nuevo en este año de gracia, 1928, para las mujeres que intentan componer música. «Para referirse a la señorita Germaine Tailleferre uno solo puede repetir la sentencia del doctor Johnson referida a una mujer que predica, pero trasladada al ámbito musical. "Caballero, una mujer que compone es como un perro que camina sobre las dos patas de atrás. No lo hace bien, pero uno se sorprende al descubrir que sea capaz de hacerlo de algún modo"».* Así, con total precisión, la historia se repite.

Por lo tanto, concluí, cerrando la biografía del señor Oscar Browning y apartando los demás libros, salta a la vista que, incluso en el siglo XIX, a una mujer no se le alentaba a ser artista. Al contrario, si lo intentaba, se la ninguneaba, abofeteaba, sermoneaba y exhortaba. No cabe duda de que su mente debía de resentirse y su vitalidad debía de decaer por la necesidad de oponerse a esto, de refutar lo otro. Y es que, una vez más, aquí nos topamos con un complejo masculino muy interesante y oscuro que ha influido muchísimo en el movimiento en defensa de las mujeres; el deseo profundamente arraigado, no tanto de que la mujer sea inferior, como de que el hombre sea superior, un deseo que sitúa al varón en todos los ámbitos, no solo ante las artes, sino también impidiendo el acceso a la política, por ejemplo, incluso cuando el riesgo para él parezca infinitesimal y la suplicante se muestre humilde y devota. Incluso lady Bessborough, recordé, con toda su pasión por la política, debía agachar la cabeza con humildad y escribir a lord Granville Leveson-Gower en estos términos: «… pese a toda mi vehemencia en materia política y a mis numerosos comentarios sobre el tema, coincido plenamente con usted en que ninguna

* *A Survey of Contemporary Music*, Cecil Gray, p. 246.

mujer tiene por qué inmiscuirse en este o en cualquier otro tema serio, más allá de dar su propia opinión (si se la preguntan)». Y luego pasa a malgastar su entusiasmo donde no encuentra obstáculos de ningún tipo, hablando de un tema increíblemente importante: el discurso de investidura de lord Granville en la Cámara de los Comunes. Desde luego, qué espectáculo tan extraño, pensé. La historia de la oposición de los hombres a la emancipación de las mujeres es más interesante quizá que la historia de la emancipación en sí. De ahí saldría un libro divertido si alguna joven estudiante de Girton o Newnham recopilara ejemplos y dedujera de ellos una teoría, pero necesitaría unos guantes gruesos en las manos y unos barrotes de oro macizo para protegerse.

Sin embargo, recapacité mientras me despedía de lady Bessborough, lo que ahora es entretenido tuvo que tomarse terriblemente en serio en otra época. Las opiniones que una reproduce ahora en un cuaderno con el título de «Anécdotas» y que reserva para leer ante un público selecto durante las noches estivales antaño provocaban lágrimas, les aseguro. Entre las abuelas y bisabuelas de ustedes hubo muchas que lloraron a mares. Florence Nightingale chilló a pleno pulmón del sufrimiento.* Es más, resulta muy fácil para ustedes, que tienen una facultad propia y disfrutan de salas de estar también propias —¿o la sala está incluida en el dormitorio?—, decir que el genio

* Véase *Cassandra*, de Florence Nightingale, publicado en *The Cause*, de R. Strachey.

debería desdeñar tales opiniones; que el genio debería estar por encima de lo que digan de él. Por desgracia, son precisamente los hombres y las mujeres con genio, con talento, quienes más se preocupan de lo que digan de ellos. Recordemos a Keats. Recordemos las palabras que quiso grabar en su lápida. Pensemos en Tennyson; pensemos... Pero no es necesario que multiplique los ejemplos del hecho innegable, aunque muy afortunado, de que está en la naturaleza del artista preocuparse en exceso de lo que se dice sobre él. La literatura está plagada de los pecios de los hombres que se obsesionaron más de lo razonable con la opinión de los demás.

Y esta susceptibilidad es doblemente desafortunada, pensé, retomando la pregunta original acerca de qué estado mental es más próspero para la obra creativa, pues la mente de un artista, a fin de llevar a buen puerto el esfuerzo de liberar de forma completa y absoluta la obra que lleva dentro, debe ser incandescente, como la mente de Shakespeare, conjeturé, mirando el libro que tenía abierto en *Antonio y Cleopatra*. No debe haber ningún obstáculo para esa mente, ninguna materia extraña sin agotar.

Y es que, aunque digamos que no sabemos nada sobre el estado mental de Shakespeare, incluso mientras lo decimos, estamos diciendo algo acerca del estado mental de Shakespeare. Puede que la razón por la que sabemos tan poco sobre Shakespeare —en comparación con Donne, Ben Jonson o Milton— sea que desconocemos sus rencores, resentimientos y antipatías. No contamos con ninguna «revelación» que nos recuerde al escritor. Todo deseo de protestar, de predicar, de denunciar una ofensa, de reparar un agravio, de poner al mundo por testigo de algún apuro o injusticia ardió con él y se extinguió por completo. Así pues, su poesía surge libre y sin trabas. Si ha habido algún ser humano que expresara su obra por completo, ha sido Shakespeare. Si ha habido alguna mente incandescente, sin trabas, pensé, dirigiéndome una vez más a la estantería, ha sido la mente de Shakespeare.

4

Encontrar a una mujer con dicho estado mental en el siglo XVI era imposible, desde luego. Basta con pensar en las lápidas isabelinas con todos esos niños arrodillados con las manos juntas para orar; y recordar sus muertes prematuras; y ver sus casas de habitaciones oscuras y abarrotadas para darse cuenta de que ninguna mujer podría haber escrito poesía entonces. Lo que podría esperarse sería que, bastante tiempo después, tal vez alguna gran dama aprovechase su relativa libertad y sus comodidades para publicar algo con su nombre y arriesgarse a que la considerasen un monstruo. No es que los hombres sean esnobs, por supuesto, continué, alejándome con cuidado del «feminismo recalcitrante» de la señorita Rebecca West; pero en su mayoría consideran simpáticos los esfuerzos de una condesa por escribir versos. Sería esperable descubrir que una dama de rancio abolengo recibía muchísimo más elogios que los que cosechaban entonces una desconocida Jane Austen o una de las hermanas Brontë. Pero también sería esperable que la mente de esa mujer se viera perturbada por emociones ajenas como el miedo y el odio y que sus poemas mostraran rastros de esa perturbación. Por ejemplo, ahí estaba lady Winchilsea, pensé, escribiendo sus poemas. Nació en el año 1661; era noble tanto de nacimiento como por su matrimonio; no tuvo hijos; escribía versos y basta con abrir su poemario para descubrir que hervía de indignación por la posición de las mujeres.

> ¡Cuán despreciadas! Despreciadas por razones vanas,
> por culpa de la Educación más que de la Naturaleza;
> alejadas de todas las hazañas de la mente,
> para ser sosas nos modelan, eso esperan;
> y si alguna sobre las demás destaca,
> con vivo ingenio y de ambición llena,
> tan fuerte la facción contraria aún parece,
> que la ilusión de triunfar jamás el miedo supera.[9]

No cabe duda de que su mente dista de haber «agotado todos los impedimentos y haberse vuelto incandescente». Al contrario, está agobiada y es presa del odio y del resentimiento. La raza humana se divide para ella en dos bandos. Los hombres son la «facción contraria»; odia y teme a los hombres, porque estos tienen el poder de impedirle acceder a lo que quiere hacer: escribir.

> ¡Ay! Una mujer que la pluma empuña,
> criatura tan presuntuosa se considera
> que no hay virtud que tal falta redima.
> Dicen que confundimos nuestro sexo y maneras;

> buena cuna, moda, baile, vestidos, juegos
> son los logros que habría que desear, contentas;
> escribir o leer, o pensar, o preguntar
> agotaría el tiempo, nublaría nuestra belleza,
> y todas nuestras conquistas eclipsaría,
> mientras que el soso gobierno de una casa vieja
> es para algunos nuestro mayor arte y recompensa.[10]

En efecto, el estímulo para escribir debe salir de ella misma, dando por supuesto que lo que componga nunca será publicado; debe ser ella quien se calme con el triste canto:

> Solo para tus amistades y tus penas canta,
> pues las hojas de laurel jamás te serán puestas:
> oscuras sean tus sombras y allí estés satisfecha.[11]

Y, sin embargo, es evidente que, de haber podido liberar su mente del odio y del miedo, en lugar de cargarlo de amargura y resentimiento, el fuego habría ardido con fuerza en su interior. De vez en cuando ofrece muestras de poesía pura:

> Tampoco con tenues sedas se conforma
> para plasmar la inimitable rosa.[12]

Unos versos que fueron merecidamente alabados por el señor Murry. Y se cree que Pope recordaba y se apropió de estos otros:

> *Ahora a la débil mente supera el narciso;*
> *bajo el fragante dolor hemos caído.*[13]

Es tremendamente triste que una mujer capaz de escribir así, cuya mente sintonizaba con la naturaleza y la reflexión, se viera forzada a sentir rabia y amargura. Pero ¿cómo pudo salir adelante?, me pregunté, imaginándome el desdén y las risas, la adulación de los lamebotas, el escepticismo del poeta profesional. Debió de encerrarse en una habitación en el campo para escribir y verse dividida, tal vez, entre la angustia y los escrúpulos, aunque su marido era de los más amables, y su vida matrimonial era perfecta. Digo «debió de» porque, cuando nos ponemos a buscar datos sobre lady Winchilsea, descubrimos, como siempre, que no se sabe casi nada sobre ella. Sufría de terribles ataques de melancolía, algo que no cuesta explicar, al menos hasta cierto punto, cuando descubrimos que nos cuenta cómo, al estar sumida en sus garras, se imaginaba:

> *Mis versos criticados y todos mis afanes*
> *tachados de locuras inútiles o desmanes:*[14]

Los afanes así censurados consistían, por lo que se deduce de su obra, en la inofensiva actividad de perderse por el campo y soñar:

> *Mi mano se deleita en trazar cosas especiales*
> *y huye del camino trillado de mis iguales.*

Tampoco con tenues sedas se conforma
para plasmar la inigualable rosa.[15]

Como es natural, si esa era su costumbre y ese era su deleite, lo único que podía esperar era que se riesen de ella; y, en consonancia, se dice que Pope o Gay la caricaturizaron como «una marisabidilla con afición a los garabatos». También se cree que la escritora ofendió a Gay al reírse de él. Dijo que sus *Trivia* demostraban que «era más apto para tirar de un carruaje que para conducirlo». Pero todo esto son «habladurías dudosas» y, según dice el señor Murry, «poco interesantes». Sin embargo, en eso no estoy de acuerdo, ya que me habría gustado contar con un mayor número de esas habladurías dudosas para tal vez haber descubierto o haberme formado una imagen de aquella dama melancólica, a quien le gustaba pasear por el campo y pensar en cosas especiales, y que se burlaba, con tanta facilidad y arrojo, del «soso gobierno de una casa vieja». Pero se volvió dispersa, dice el señor Murry. Su don quedó rodeado de hierbajos y ahogado por las zarzas. No tuvo oportunidad de exhibirse como el talento elegante y distinguido que era. Así pues, la devolví a la estantería y me dirigí a la otra gran dama, la duquesa que tanto apreciaba Lamb, la alocada y fantástica Margaret de Newcastle, mayor que lady Winchilsea y a la vez su contemporánea. Las dos mujeres eran muy distintas, pero se asemejaban en que ambas eran nobles y ambas carecían de descendencia, y ambas estaban casadas con maridos inigualables. En ambas ardía la misma pasión por la poesía y ambas se vieron desdibujadas y deformadas por las mismas causas. Al abrir la obra de la duquesa, una se encuentra con la misma explosión de rabia. «Las mujeres son como Murciélagos o Búhos, trabajan como Bestias y mueren como Gusanos…». También Margaret habría podido ser poeta; en nuestra época, toda su actividad sin duda habría puesto en marcha alguna clase de rueda. Tal como fueron las cosas, ¿quién podía acotar, domar o civilizar para el uso humano aquella inteligencia salvaje, generosa y desbocada? Su ingenio rebosaba, sin orden ni concierto, en torrentes de rima y prosa, poesía y filosofía que cuajaron en folios y cuartillas que nadie lee jamás. Habrían tenido que ponerle un microscopio en la mano. Habrían tenido que enseñarle a mirar las estrellas y razonar de manera científica. Su ingenio cambió con la soledad y la libertad. Nadie la supervisó. Nadie le enseñó. Los profesores la adulaban. En la corte la abucheaban. Sir Egerton Brydes se quejaba de su grosería: «impropia de una dama de alta alcurnia criada en la Corte». La duquesa se encerró por propia voluntad en Welbeck.

¡Menuda estampa de soledad y lucha evoca el recuerdo de Margaret Cavendish! Como si un pepino gigante se hubiera extendido entre las rosas y los claveles del jardín y los hubiera matado de asfixia. Qué desperdicio que la mujer que escribió «las mujeres mejor educadas son las que tienen la mente más cortés» despilfarrase el tiempo escribiendo sandeces y sumergiéndose cada vez más en la oscuridad y la locura hasta que la gente acabó por arremolinarse alrededor de su carruaje cuando iba a salir. Como es natural, la duquesa loca se convirtió en el monstruo con el que asustar a las chicas listas. Aquí, recordé entonces, mientras abandonaba a la duquesa y abría las cartas de Dorothy Osborne, está Dorothy escribiendo a Temple acerca del nuevo libro de la duquesa: «Desde luego, la pobre mujer está un poco ida; de lo contrario, no podría ser tan ridícula como para aventurarse a escribir libros y, además, en verso; si no logro dormir esta quincena confío en no acabar así».

Y, por lo tanto, como ninguna mujer sensata y modesta podía escribir libros, Dorothy, que era sensible y melancólica, todo lo contrario que la duquesa en cuanto a temperamento, no escribió nada. Las cartas no contaban. Una mujer tenía permitido escribir cartas incluso junto al lecho de muerte de su padre. Podía escribirlas junto al fuego mientras los hombres hablaban, sin molestarlos. Lo extraño es, pensé, mientras hojeaba las cartas de Dorothy Osborne, el don que tenía esa muchacha solitaria y sin educación para estructurar una frase, para inventar una escena. Escuchen cómo continuaba:

Después de cenar nos sentamos a charlar hasta que sale a colación la compañía del señor B y entonces me voy. el calor del día se pasa leyendo o trabajando y, a las seis o las siete aprox., salgo a un prado que hay cerca de la casa, donde muchas mozas cuidan de Ovejas y Vacas y se sientan a la sombra a cantar Baladas; me acerco y comparo sus voces y su Belleza con la de algunas Pastoras Antiguas cuya historia he leído y descubro una gran diferencia entre ellas, aunque creedme, opino que estas son tan inocentes como podían ser aquellas. Hablo con ellas y descubro que no desean nada para ser las Personas más felices del mundo, salvo saber que ya lo son. a menudo, cuando estamos en mitad de nuestro discurso, una de ellas mira alrededor y espía a su Vaca, que se mete en el campo sembrado y entonces todas echan a correr, como si tuvieran alas en los tobillos. Yo que no soy tan ágil me quedo atrás, y cuando las veo conduciendo a casa su Rebaño pienso que es hora de que yo también me retire. después de cenar salgo al jardín y me acerco a un Riachuelo que discurre por allí, donde me siento deseando que vos estuvierais conmigo…

Se habría jurado que esa mujer tenía el germen de una escritora dentro. Pero «si no logro dormir esta quincena confío en no acabar así»… Es posible calibrar la oposición que había en el aire contra una mujer que escribiera cuando se descubre que incluso una mujer con grandes dotes para la creación literaria se ha obligado a creer que escribir un libro era una ridiculez, incluso una exhibición de chifladura. Y así llegamos, continué, al colocar en su estante el único y breve tomo de cartas de Dorothy Osborne, a la señora Behn.

Y con la señora Behn tomamos un desvío crucial en el camino. Dejamos atrás, encerradas en sus parques entre sus folios, a las grandes damas solitarias que escribían sin público ni crítica para deleitarse en soledad. Llegamos a la urbe y nos codeamos con la gente corriente en las calles. La señora Behn era una mujer de clase media con todas las virtudes plebeyas del humor, la vitalidad y la valentía; una mujer obligada por la muerte de su marido y por algunas desafortunadas vicisitudes propias a ganarse la vida con su ingenio. Tuvo que trabajar en igualdad de condiciones con los hombres. Gracias al trabajo duro, logró ganar suficiente para salir adelante. La importancia de ese hecho supera cualquier cosa concreta que escribiera, incluso el espléndido «Un centenar de mártires he hecho» y «El Amor en Fantástico Triunfo se sentó», ya que ahí comienza la libertad de la mente, o, mejor dicho, la posibilidad de que con el transcurso del tiempo la mente sea libre para escribir lo que quiera. Pues ahora que Aphra Behn lo había hecho, las muchachas podían dirigirse a sus padres y decirles: No hace falta que me den una asignación; puedo ganarme la vida con la pluma. Por supuesto, la respuesta durante muchos años continuó siendo: Sí, claro, ¡viviendo como vivió Aphra Behn! ¡Mejor sería la muerte! Y les cerraban la puerta de golpe más rápido que nunca. Ese tema increíblemente pertinente, el valor que los hombres otorgan a la castidad de las mujeres y los efectos que tiene en su educación, parece invitarnos a un debate y, de hecho, podría dar pie a un libro interesante si alguna estudiante de Girton o Newnham se molestara en ahondar en la materia. Lady Dudley, sentada con diamantes entre los mosquitos de un páramo escocés, podría servir para el frontispicio. Lord Dudley, según dijo *The Times* hace poco, cuando falleció lady Dudley, «un hombre de gusto refinado y muchas virtudes, era benévolo y generoso, pero caprichosamente despótico. Insistía en que su mujer vistiera siempre de largo, incluso en la cabaña de caza más remota de las Highlands; la cargaba de joyas fabulosas» y demás, «le daba de todo… a excepción de cualquier atisbo de responsabilidad». Pero resultó que lord Dudley tuvo una apoplejía y ella lo cuidó y administró sus tierras y propiedades con una competencia suprema a partir de entonces. Aquel caprichoso despotismo existía también en el siglo XIX.

Pero volvamos al tema. Aphra Behn demostró que era posible ganar dinero escribiendo si se sacrificaban, tal vez, ciertas cualidades agradables; así pues, de manera paulatina, escribir dejó de ser un signo de imprudencia y de una mente tocada, para adquirir una importancia práctica. A veces moría un marido, o una desgracia conmovía a la familia. En los albores del siglo XVIII, cientos de mujeres empezaron a contribuir al dinero que les asignaban para sus gastos, o a salir al rescate de sus familias haciendo traducciones o escribiendo las innumerables novelas malas que han dejado de citarse incluso en los libros de texto, pero que todavía pueden encontrarse en cajas de segunda mano por cuatro peniques en Charing Cross Road. La extrema actividad mental que se manifestó en la segunda mitad del siglo XVIII entre las mujeres —las charlas y las reuniones, la escritura de ensayos sobre Shakespeare y la traducción de los clásicos— se basó en el hecho incuestionable de que las mujeres podían ganar dinero escribiendo. El dinero dignifica lo que es frívolo si no se paga. Tal vez hubiera quien todavía se burlase de «las marisabidillas con afición a los garabatos», pero era innegable que sabían llenar la bolsa. Así pues, hacia finales del siglo XVIII se produjo un cambio que, si reescribir la historia fuera mi tarea, describiría de forma más detallada y consideraría de mayor importancia que las Cruzadas o que las guerras de las Rosas. La mujer de clase media empezó a escribir. Porque si *Orgullo y prejuicio* importa, si *Middlemarch* y *Villette* y *Cumbres borrascosas* importan, entonces importa todavía más de lo que puedo demostrar con un discurso de una hora que las mujeres en general, y no únicamente las aristócratas solitarias encerradas en su casa de campo entre sus folios y sus aduladores, se pusieron a escribir. Sin esas precursoras, Jane Austen y las hermanas Brontë y George Eliot no habrían podido escribir, igual que Shakespeare no habría podido escribir sin Marlowe, o Marlowe sin Chaucer, o Chaucer sin aquellos poetas olvidados que allanaron el camino y domesticaron el salvajismo natural de la lengua. Porque las obras maestras no son nacimientos aislados y solitarios; son el resultado de muchos años de pensar en común, del pensamiento de todo un pueblo, de modo que la experiencia de la masa respalde a la voz individual. Jane Austen debería haber puesto una corona en la tumba de Fanny Burney, y George Eliot haber rendido homenaje a la robusta sombra de Eliza Carter: la valiente anciana que ató una campana al armazón de su cama para despertarse temprano y estudiar griego. Todas las mujeres juntas deberían arrojar flores a la tumba de Aphra Behn, que se halla, algo de lo más escandaloso, pero a la vez bastante apropiado, en la abadía de Westminster, pues fue ella quien logró que tuvieran el derecho a expresar su opinión. Es ella —por muy turbia y lujuriosa que fuera— quien hace que no sea una fantasía que esta noche yo les diga a ustedes: Ganen quinientas libras al año con su ingenio.

De tal modo, había llegado a principios del siglo XIX. Y aquí, por primera vez, encontré diversas estanterías entregadas por completo a las obras de mujeres. Pero ¿por qué?, no pude evitar preguntarme, mientras pasaba la mirada por ellas, ¿por qué, salvo alguna honrosa excepción, todas eran novelas? El impulso original era la poesía. La «suprema fuente de la canción» a la que alude el poema de Swinburne era una poeta. Tanto en Francia como en Inglaterra las poetas preceden a las novelistas. Es más, pensé, mirando los cuatro nombres famosos, ¿qué tenía en común George Eliot con Emily Brontë? ¿Acaso no fue del todo incapaz Charlotte Brontë de comprender a Jane Austen? Salvo por el dato posiblemente relevante de que ninguna de ellas tuvo hijos, sería imposible que cuatro personajes más incongruentes coincidieran en la misma habitación: hasta tal punto que resulta tentador inventar una reunión y un diálogo entre ellas. Sin embargo, por alguna extraña fuerza, cuando creaban, todas se sintieron impelidas a escribir novelas. ¿Tendría algo que ver con haber nacido en la clase media?, me pregunté; ¿y con el hecho, que la señorita Emily Davies llegó a demostrar de forma abrumadora un tiempo después, de que la familia de clase media de principios del siglo XIX solo contara con una sala de estar común? Si escribía, una mujer tenía que escribir en esa sala. Y, tal como se quejaba de forma tan vehemente la señorita Nightingale —«las mujeres nunca tienen ni media hora […] que puedan llamar propia»—, siempre la interrumpían. Aun así, debía de ser más fácil escribir ensayos y novelas que poesía o una obra de teatro. Se requiere menos concentración. Jane Austen escribió en esas circunstancias hasta el fin de sus días. «Cómo fue capaz de crear todo esto —escribe su sobrino en su *Recuerdos de Jane Austen*— es sorprendente, pues no tenía un estudio apartado al que retirarse, y debió de escribir casi toda su obra en la sala de estar general, sujeta a toda clase de interrupciones fortuitas. Tenía mucho cuidado de que ni los sirvientes ni las visitas ni cualquier persona más allá de su círculo familiar sospechara de su ocupación».* Jane Austen escondía sus manuscritos tapándolos con una hoja de papel secante. A eso se suma, una vez más, que toda la formación literaria que tenía una mujer a principios del siglo XIX se basaba en la observación del carácter, en el análisis de la emoción. Su sensibilidad llevaba formándose varios siglos con las influencias de la sala de estar común. Los sentimientos de la gente habían dejado mella en las mujeres; siempre tenían delante de los ojos distin-

* *Memoir of Jane Austen*, escrita por su sobrino James Edward Austen-Leigh. [Hay trad. cast.: *Recuerdos de Jane Austen*, trad. de Marta Salís, Barcelona, Alba Clásica, 2012].

tas relaciones personales. Por lo tanto, cuando la mujer de clase media se ponía a escribir, como es natural, escribía novelas, aunque, parece bastante obvio, dos de las cuatro mujeres famosas mencionadas aquí no eran novelistas por naturaleza. Emily Brontë tendría que haberse dedicado a escribir obras teatrales en verso; el talento que rebosaba de la amplia mente de George Eliot sin duda debería haberse volcado, con todo su impulso creativo, en la historia o la biografía. No obstante, escribieron novelas; y aún me atrevería a ir un paso más allá, dije, sacando *Orgullo y prejuicio* de la estantería, diría que escribieron buenas novelas. Sin alardear ni molestar al sexo opuesto, una puede decir que *Orgullo y prejuicio* es un buen libro. En cualquier caso, no habría sido bochornoso que a una la hubieran pillado escribiendo *Orgullo y prejuicio*. No obstante, Jane Austen se alegraba de que los goznes chirriaran, para poder esconder el manuscrito cuando venía alguien. Para Jane Austen había algo vergonzoso en escribir *Orgullo y prejuicio*. Y, me pregunté, ¿habría sido mejor la novela si Jane Austen no hubiese creído necesario esconder el manuscrito de las miradas ajenas? Leí un par de páginas para comprobarlo; pero no pude encontrar indicios de que sus circunstancias hubieran perjudicado su labor en absoluto. Quizá ese fuera el mayor milagro del asunto. Ahí estaba una mujer, alrededor de 1800, escribiendo sin odio, sin amargura, sin miedo, sin protestas, sin sermones. Así es como escribió Shakespeare, pensé, mirando *Antonio y Cleopatra*; y cuando la gente compara a Shakespeare con Jane Austen, es posible que se refiera a que la mente de los dos había agotado todos los impedimentos; y por ese motivo no conocemos a Jane Austen ni conocemos a Shakespeare, y por ese motivo Jane Austen permea cada palabra que escribió, igual que Shakespeare. Si Jane Austen sufrió de algún modo a raíz de sus circunstancias, fue por la estrechez de la vida que le había sido impuesta. En aquella época era imposible que una mujer sola campara a sus anchas. Jamás viajó; jamás recorrió Londres subida a un autobús ni comió sola en un bistró. Pero tal vez estaba en la naturaleza de Jane Austen el no desear lo que no tenía. Su don y sus circunstancias encajaban a la perfección. Pero dudo que eso pudiera aplicarse a Charlotte Brontë, dije, abriendo *Jane Eyre* y dejándolo junto a *Orgullo y prejuicio*.

Abrí el capítulo doce y me quedé atrapada por la frase que empezaba «Muchos me criticarán». ¿Por qué criticaban a Charlotte Brontë?, me planteé. Y leí que Jane Eyre subía al ático cuando la señora Fairfax estaba preparando mermelada y contemplaba el campo que se perdía en el horizonte. Y entonces ansiaba —y esa era la razón por la que la censuraban—

atravesar con la mirada los límites impuestos para alcanzar ese mundo bullicioso y lleno de vida del que tanto había oído hablar, pero que jamás había visto. Deseaba adquirir más experiencia, relacionarme con gente más parecida a mí, de caracteres distintos a los de aquellos que formaban mi entorno. Valoraba las virtudes de la señora Fairfax y de Adèle, pero estaba convencida de que existían otras clases de bondades más emocionantes, y quería descubrir si mis creencias eran ciertas.

¿Quién puede censurarme? Muchos, sin duda, me acusarán de desagradecida. No podía evitarlo: la agitación bullía en mi naturaleza con tanta fuerza que a veces llegaba a dolerme. [...]

Resulta absurdo decir que la calma satisface a los seres humanos. En sus vidas debe haber acción, y si no la tienen, acabarán buscándola. Millones de personas se ven condenadas a una vida más monótona que la mía, y son millones los que se rebelan en silencio contra ese destino. Nadie sabe cuántas rebeliones, al margen de las políticas, fermentan en la masa de seres vivos que habita la tierra. Se supone que las mujeres aspiran a la calma, pero lo cierto es que mujeres y hombres comparten los mismos sentimientos. Ellas, al igual que sus hermanos, también necesitan ejercitar sus facultades y un campo donde poder concentrar sus esfuerzos. Las rígidas represiones y el estancamiento absoluto les causan el mismo sufrimiento que provocaría en los hombres, y resulta patético que esos compañeros más privilegiados las confinen en el hogar, a hornear pasteles o zurcir medias, a tocar el piano o bordar bolsas. Es injusto criticarlas o reírse de sus empeños por llegar más allá, por aprender cosas que la costumbre les ha negado, tachándolas de innecesarias para las de su sexo.

En esos ratos de soledad a menudo oía la extraña risa de Grace Poole [...].[16]

Es un corte bastante abrupto, pensé. Resulta molesto toparse con Grace Poole así, de repente. La continuidad queda interrumpida. Podría decirse, seguí reflexionando, mientras dejaba el libro en la mesa junto a *Orgullo y prejuicio*, que la mujer que escribió estas páginas tenía más talento que Jane Austen; pero si una las relee y señala en ellas esa sacudida, esa indignación, advierte que Brontë nunca logra que su genialidad se exprese de forma total y completa. Sus libros quedan deformados y retorcidos. Escribe con rabia cuando debería escribir con tranquilidad. Escribe de forma atolondrada cuando debería escribir con sabiduría. Escribe sobre sí misma cuando debería escribir sobre sus personajes. Está en guerra con lo que le ha tocado vivir. ¿Cómo no iba morir joven, constreñida y frustrada?

Es imposible no fantasear por un momento con la idea de lo que habría podido ocurrir si Charlotte Brontë hubiera poseído, pongamos, trescientas libras al año... pero la insensata vendió los derechos de sus novelas por completo a cambio de mil quinientas libras; si de algún modo hubiera tenido más conocimientos acerca del ajetreado mundo, de ciudades y regiones llenas de vida; más experiencia práctica y encuentros con personas como ella y familiaridad con una variedad de formas de ser... En esas palabras retrata de forma precisa no solo sus propios defectos como novelista sino también los del sexo femenino en aquella época. Sabía, mejor que nadie, hasta qué punto se habría beneficiado su talento si no se hubiera desperdiciado en visiones solitarias del campo lejano; si la experiencia, las relaciones sociales y la posibilidad de viajar le hubieran sido ofrecidas. Pero no lo fueron; al contrario, le fueron negadas; y debemos aceptar el hecho de que todas esas buenas novelas, *Villette*, *Emma*, *Cumbres borrascosas*, *Middlemarch*, fueron escritas por mujeres sin más experiencia vital de la que podía entrar en la casa de un clérigo respetable; escritas, además, en la sala de estar común de esa casa respetable y por mujeres tan pobres que no podían permitirse comprar más que unas cuantas manos de papel a la vez en las que escribir *Cumbres borrascosas* o *Jane Eyre*. Cierto es que una de ellas, George Eliot, escapó de gran parte de la tribulación, pero a costa de recluirse en una casa de campo en el bosque de St. John. Y allí se instaló a la sombra de la desaprobación del mundo. «Deseo que los demás comprendan —escribió— que nunca invitaré a nadie a venir a verme si no me ha pedido antes que lo invite»,[17] pues ¿acaso no estaba viviendo en pecado con un hombre casado y tal vez su estampa pudiera dañar la castidad de la señora Smith o quien fuera que se aventurase a pasar por allí? Una debe supeditarse a las convenciones sociales y verse «escindida de lo que llaman el mundo». Al mismo tiempo, en la otra punta de Europa, había un joven que vivía libremente con esta gitana o con aquella gran dama; un hombre que iba a guerras; que recogía sin tapujos y sin censura toda esa variada experiencia de la vida humana que de forma tan espléndida le sirvió luego cuando se dispuso a escribir sus libros. Si Tolstói hubiera vivido en el priorato, recluido con una dama casada y «escindido de lo que llaman el mundo», por muy edificante que fuese la lección moral, es muy poco probable, pensé, que hubiera escrito *Guerra y paz*.

Pero tal vez sea posible ahondar un poco más en la cuestión de la escritura narrativa y en cómo afecta a los novelistas la diferencia de sexo. Si cerramos los ojos y pensamos en la novela como un todo, parecería una creación con cierto parecido especular con la vida, aunque, por supuesto, con innumerables simplificaciones y distorsiones. En cualquier caso, es una estructura que crea una forma en el ojo de la mente, construida ahora con cuadrados, ahora con estilo de pagoda, ahora desplegando alas y arcadas, ahora sólida, compacta y abovedada como la catedral de Santa Sofía en Constantinopla. Esta forma, pensé, repasando mentalmente ciertas novelas famosas, comienza con un tipo de emoción que le es apropiada. Pero de inmediato esa emoción se mezcla con otras, porque la «forma» no se construye a partir de la relación de una piedra con otra piedra, sino a partir de la relación de un ser humano con otro ser humano. Así pues, una novela despierta en nosotros toda clase de emociones antagónicas y opuestas. La vida entra en conflicto con algo que no es la vida. De ahí la dificultad de llegar a un acuerdo acerca de las novelas, y la inmensa influencia que ejercen nuestros prejuicios. Por una parte, sentimos que Tú —John, el protagonista— debes vivir, o de lo contrario me sumiré en lo más hondo de la desesperación. Por otra parte, sentimos, Ay, John, debes morir, porque la forma del libro lo requiere. La vida entra en conflicto con algo que no es la vida. Así pues, como en parte es vida, la juzgamos en tanto que vida. James es el tipo de hombre que más detesto, dice alguien. O: Esto es un fárrago de absurdidad. Personalmente, jamás podría sentir algo así. La estructura completa, es obvio, pienso al recordar cualquier novela famosa, es de una complejidad infinita, porque de tal modo está hecha a partir de muchísimos juicios distintos, de muchísimos tipos de emoción diferentes. Lo asombroso es que cualquier libro compuesto así perdure más de un año o dos, o pueda, no se sabe cómo, significar lo mismo para el lector inglés que para el lector ruso o chino. Pero, en ocasiones, los libros perduran de forma muy notable. Y lo que los conserva en los raros ejemplos de supervivencia (pensaba ahora en *Guerra y paz*) es algo que una llamaría integridad, aunque no tiene nada que ver con pagar las facturas o comportarse de forma admirable en una emergencia. Lo que llamo integridad, en el caso del novelista, es la convicción que nos ofrece de que tal cosa es la verdad. Sí, pensé entonces, nunca se me había ocurrido que pudiera ser así; nunca he conocido a gente que se comporte así. Pero me has convencido de que así es, de que así ocurre. Una acerca cada frase, cada escena a la luz mientras lee, pues la Naturaleza parece habernos provisto, curiosamente, de una luz interior con la que somos capaces de juzgar la integridad o falta de integridad del novelista. O tal vez sea que la Naturaleza, en su ánimo más irracional, ha trazado con tinta invisible en las paredes de la mente una premonición que estos grandes artistas confirman; un esbozo que solo requiere que alguien lo acerque al fuego del ingenio para hacerse visible. Cuando una lo expone así y ve cómo cobra vida, exclama embelesada: ¡Pero si esto es lo que siempre he sentido, sabido y deseado! Y una hierve de emoción y entonces cierra el libro incluso con una especie de reverencia, como si fuese algo muy preciado, un puntal al que regresar en cualquier momento de la vida, y lo devuelve a la estantería, dije, mientras yo también cogía *Guerra y paz* y lo devolvía a su sitio. Si, por el contrario, estas pobres frases que una toma y analiza se elevan primero con una respuesta rápida y ávida pero ahí se paran: algo parece detenerlas en su desarrollo: o si iluminan solo un leve garabato en aquella esquina y un borrón por allá, y nada parece entero y completo, entonces una suspira decepcionada y dice. Otro fracaso. Esta novela ha fallado por alguna parte.

Y en su mayoría, por supuesto, las novelas fallan por alguna parte. La imaginación flaquea con el enorme esfuerzo. La percepción se confunde; ya no puede distinguir entre lo verdadero y lo falso, ya no tiene fuerza para continuar con la ingente labor que se requiere en todo momento para poner en práctica tantas facultades diferentes. Pero ¿cómo se vería afectado todo esto por el sexo del novelista?, me pregunté, contemplando de nuevo *Jane Eyre* y los demás libros. ¿Acaso su sexo interferiría de algún modo en la integridad de quien escribe novelas; esa integridad que considero la piedra angular de los escritores? Bien, en los pasajes de *Jane Eyre* que he citado, salta a la vista que la rabia estaba manipulando la integridad de Charlotte Brontë en calidad de novelista. Dejó apartada la historia de su libro, a la que debía su total devoción, para concentrarse en algún agravio personal. Recordó que la habían privado hasta la inanición de su merecida ración de experiencia: la habían hecho estancarse en una casa parroquial zurciendo medias cuando lo que deseaba era vagar en libertad por el mundo. Su imaginación intentó esquivar la indignación con un giro brusco y notamos ese giro brusco. Pero, aparte de la rabia, había muchas más influencias que tiraban de su imaginación y la desviaban de su camino. La ignorancia, por ejemplo. El retrato de Rochester está dibujado a oscuras. Notamos la influencia del miedo en esa descripción; igual que notamos continuamente una acritud que es el resultado de la opresión, un sufrimiento enterrado que arde por debajo de su pasión, un rencor que contrae esos libros, por muy espléndidos que sean, con un espasmo de dolor.

Y dado que una novela tiene su correlato en la vida real, sus valores son, hasta cierto punto, los de la vida real. Pero salta a la vista que los valores de las mujeres difieren con gran frecuencia de los valores que han sido creados por el otro sexo; naturalmente, es así. No obstante, los que prevalecen son los valores masculinos. Hablando en plata, el fútbol y el deporte son «importantes»; la adoración de la moda y la compra de ropa son «triviales». Y dichos valores se trasladan de forma inevitable de la vida a la ficción. Este es un libro importante, presupone el crítico, porque habla de la guerra. Este es un libro insignificante porque trata de los sentimientos de las mujeres en el salón. Una escena en un campo de batalla es más importante que una escena en una tienda: en todas partes y de formas mucho más sutiles, la diferencia de valores persiste. Así pues, toda la estructura de la novela de principios del siglo XIX se erigía, en el caso de las mujeres, con una mente que se desviaba ligeramente de lo correcto y que debía alterar su visión privilegiada en deferencia a una autoridad externa. Basta con hojear esas viejas novelas olvidadas y escuchar el tono de voz en el que están escritas para adivinar que la novelista se enfrentaba a las críticas; decía esto con afán de agresión, y aquello con afán de conciliación. Admitía que era «solo una mujer», o protestaba que era «tan buena como un hombre». Encajaba las críticas según le dictase su temperamento, con docilidad y timidez, o con rabia y vehemencia. Da igual qué opción tomara; siempre estaba pensando en algo distinto del tema en sí. Su libro nos asesta un golpe en la cabeza. Había un fallo en el centro de la obra. Y pensé en todas las novelas de mujeres que estaban desperdigadas, como manzanitas picadas en un huerto, en las librerías de lance de Londres. Era el fallo en el centro lo que las había podrido. La escritora había alterado sus valores por respeto a la opinión ajena.

Pero cuán imposible debía de ser para ellas no decantarse hacia la derecha o hacia la izquierda. Cuánto genio, cuánta integridad debieron de precisar frente a todas aquellas críticas, en medio de aquella sociedad puramente patriarcal, para aferrarse al tema tal como lo veían sin amedrentarse. Las únicas que lo lograron fueron Jane

Austen y Emily Brontë. Es otra de las joyas, quizá la más brillante, de su corona. Escribieron como escriben las mujeres, no como escriben los hombres. De todos los miles de mujeres que escribieron novelas en aquella época, solo ellas desoyeron por completo las advertencias perpetuas del eterno pedagogo: escribe esto, piensa aquello. Solo ellas hicieron oídos sordos a esa voz persistente, ahora gruñona, ahora condescendiente, ahora dominante, ahora apenada, ahora escandalizada, ahora enfadada, ahora paternal, esa voz que no puede dejar en paz a las mujeres, sino que siempre las sigue, como una especie de institutriz demasiado escrupulosa, exhortándoles, como sir Egerton Brydges, a ser refinadas; arrastrando incluso a la crítica de la poesía la crítica del sexo;* advirtiéndoles que, si eran buenas y ganaban, supongo, algún premio reluciente, debían mantenerse dentro de ciertos límites que el caballero en cuestión consideraba adecuados: «... las mujeres novelistas solo deberían aspirar a la excelencia a través del valiente reconocimiento de las limitaciones de su sexo».** Sirva ese pequeño ejemplo como botón de mues-

---

* «[Ella] tiene un propósito metafísico, y eso es una obsesión peligrosa, sobre todo en una mujer, pues las mujeres rara vez poseen el sano amor de los hombres por la retórica. Es una extraña carencia para un sexo que, en otros aspectos, es más primitivo y materialista», *New Criterion*, junio de 1928.

** «Si, como el periodista, usted cree que las mujeres novelistas solo deberían aspirar a la excelencia a través del valiente reconocimiento de las limitaciones de su sexo (Jane Austen [ha] demostrado con qué gracia puede lograrse ese gesto [...])», *Life and Letters*, agosto de 1928.

tra del tema en cuestión, y, si les digo, imagino que para su sorpresa, que esa frase no se escribió en agosto de 1828 sino en agosto de 1928, estarán de acuerdo, creo, en que por muy entretenida que pueda parecernos, representa un modo de pensar muy extendido —no voy a remover ahora las aguas de esos viejos charcos; solo tomo lo que la casualidad ha traído flotando hasta mis pies—, que era mucho más impetuoso y manifiesto hace un siglo. Habría hecho falta ser una muchacha muy fuerte e íntegra en 1828 para despreciar todos esos desaires y reprimendas y promesas de premios. Sin duda, habría sido preciso un ánimo revolucionario para haberse dicho: Bah, pero no pueden comprar también la literatura. La literatura está abierta a todo el mundo. Me niego a permitirle, por mucho que sea usted el bedel, que me impida pisar el césped. Cierre con llave sus bibliotecas si quiere; pero no hay puerta, no hay candado, no hay cerrojo que pueda ponerse a la libertad de mi mente.

Pero, independientemente de las consecuencias que tuvieran el desaliento y la crítica en su escritura —y creo que fueron inmensas—, en realidad resultaban insignificantes en comparación con la otra dificultad a la que se enfrentaron (continuaba pensando en aquellas novelistas de principios del siglo xix) cuando se dispusieron a poner por escrito sus pensamientos: a saber, que no tenían tradición alguna a sus espaldas, o había una tan corta y parcial que apenas les era útil. Pues, si somos mujeres, pensamos en el pasado a través de nuestras madres. Es inútil acudir a los grandes hombres escritores en busca de ayuda, por mucho que una recurra a ellos por placer. Lamb, Browne, Thackeray, Newman, Sterne, Dickens, De Quincey —el que sea— todavía no han ayudado a una sola mujer, aunque esta pueda haber aprendido unos cuantos trucos de ellos y haberlos adaptado para sus fines. El peso, el ritmo, la zancada de la mente de un hombre son tan distintos de los de la mujer que esta no puede sacarles ningún provecho significativo. El modelo queda demasiado lejos para que se lo imite. Tal vez lo primero que esa mujer descubriría, al llevar la pluma al papel, sería que no había ninguna frase común que pudiera hacer suya. Los grandes novelistas como Thackeray, Dickens y Balzac escribieron una prosa natural, ágil pero no desaliñada, expresiva pero no preciosa, que absorbía su tinte personal sin dejar de ser propiedad común. Basaron su estilo en la frase que era corriente en su época. La frase que era corriente a principios del siglo XIX podía ser algo como esto: «La grandeza de sus obras los interpelaba, no para que se detuvieran en seco, sino para que avanzaran. No podían sentir mayor emoción ni satisfacción que en el ejercicio de su arte y en infinitas generaciones de verdad y belleza. El éxito incentiva el esfuerzo; y la costumbre facilita el éxito». Esa frase es propia de un hombre; tras ella podemos ver a Johnson, Gibbon y los demás. Era una frase inadecuada para que la emplease una mujer. Charlotte Brontë, con todas sus espléndidas dotes para la prosa, trastabilló y se cayó con esa torpe arma en las manos. George Eliot cometió con ella atrocidades indescriptibles. Jane Austen la miró y se rio y generó una frase perfectamente natural y bien formada, adecuada para sus intereses, y jamás se alejó de esta. Así pues, con menos talento para la escritura que Charlotte Brontë, logró decir mucho más. De hecho, como la libertad y la plenitud de la expresión están en la esencia del arte, tal falta de tradición, tal escasez e inadecuación de las herramientas, debió de influir enormemente en el estilo literario de las mujeres. Además, un libro no se compone sin más de frases puestas una junto a otra, sino de frases construidas, por si una imagen ayuda a comprenderlo, en forma de arcadas o cúpulas. Y esa forma también fue construida por hombres a partir de sus necesidades y de sus usos. No hay motivos para pensar que la forma de la épica o del teatro en verso encajasen más con la mujer de lo que encaja la frase que acabo de comentar. Pero todas las formas más antiguas de literatura ya estaban endurecidas y fijadas para cuando ella se convirtió en escritora. La novela era la única lo bastante joven para ser maleable en sus manos: otra razón, quizá, por la que la mujer escribía novelas. Pero ¿quién dirá que incluso ahora «la novela» (lo pongo entre comillas para destacar que considero esas palabras inadecuadas), quién dirá que incluso esta forma, la más flexible de todas, tiene la constitución adecuada para que ella la use? Sin duda veremos a la mujer moldearla a voluntad en cuanto tenga libre uso de sus manos y proporcionar así un nuevo vehículo, no necesariamente en verso, para la poesía que lleva dentro. Porque de hecho se le sigue negando expresión a la poesía. Y entonces me puse a reflexionar acerca de cómo escribiría en la actualidad una mujer una tragedia en verso en cinco actos. ¿De verdad utilizaría el verso? ¿No preferiría usar la prosa?

No obstante, se trata de preguntas difíciles que se hallan en el crepúsculo del futuro. Debo dejarlas a un lado, aunque solo sea porque me estimulan a desviarme de mi tema y adentrarme en bosques sin senderos en los que me perdería y, con gran probabilidad, acabaría devorada por animales salvajes. No deseo, y estoy segura de que ustedes tampoco quieren que lo haga, tratar un tema tan deprimente como el futuro de la ficción, de modo que solo me detendré un instante para señalarles el inmenso papel que desempeñarán en ese futuro las condiciones físicas por lo que respecta a las mujeres. De algún modo, el libro tiene que adaptarse al cuerpo, y con un poco de atrevimiento diría que los libros de las mujeres serán más cortos, más concentrados, que los de los hombres, y estarán estructurados de tal forma que no requieran largas horas de trabajo constante e ininterrumpido. Porque interrupciones habrá siempre. De nuevo, parecería que los nervios que alimentan el cerebro difieren en hombres y mujeres, y a fin de que trabajen a pleno y den lo mejor de sí se debe averiguar qué trato les encaja más —si, por ejemplo, las horas de clases magistrales, que idearon los monjes hace cientos de años, es de suponer, de verdad encajan con ellas—, qué alteraciones del trabajo y del descanso necesitan, interpretando el descanso no como el no hacer nada, sino como el hacer algo, pero que sea distinto; ¿y dónde estaría esa diferencia? Es preciso debatir y descubrir todo esto; ya que todo esto forma parte del interrogante acerca de las mujeres y la ficción. Y sin embargo, continué pensando, mientras me acercaba de nuevo a las estanterías, ¿dónde encontraré ese estudio elaborado de la psicología de las mujeres escrito por una mujer? Si, debido a su incapacidad para jugar al fútbol, a las mujeres no va a permitírseles practicar la medicina... Por suerte, entonces mis pensamientos siguieron otros derroteros.

5

En mis divagaciones, había llegado por fin a las estanterías que contienen libros de personas vivas; tanto mujeres como hombres; pues ahora hay casi tantos libros escritos por mujeres como por hombres. O, si eso no es aún del todo cierto, si el masculino todavía es el sexo más locuaz, lo que sí que es cierto es que las mujeres ya no solo escriben novelas. Están los libros de Jane Harrison sobre arqueología griega; los libros de Vernon Lee sobre estética; los libros de Gertrude Bell sobre Persia. Hay libros sobre toda clase de temas que hace una generación ninguna mujer habría podido tocar. Hay poemas y obras de teatro y obras críticas; hay libros de historia y biografías, libros de viajes y libros académicos y de investigación; incluso hay unas cuantas obras de filosofía y libros sobre ciencia y economía. Y aunque predominan las novelas, puede que estas hayan cambiado por la asociación con libros de otra categoría. Puede que la sencillez natural, la edad épica de la escritura femenina, haya terminado. La lectura y la crítica quizá hayan dado a la mujer una variedad más amplia, una mayor sutileza. Tal vez se haya apagado el impulso hacia la autobiografía. Puede que la mujer esté empezando a utilizar la escritura como un arte, no como un método de autoexpresión. Entre esas nuevas novelas podríamos encontrar una respuesta a varios de esos interrogantes.

Cogí una al azar. Estaba en un extremo de la estantería, se titulaba *La aventura de la vida*, o algo similar, escrita por Mary Carmichael, y se había publicado este mismo mes de octubre. Parece que es su primera novela, me dije, pero hay que leerla como si fuese el último tomo de una serie bastante larga, la continuación de todos esos otros libros a los que he echado un vistazo: los poemas de lady Winchilsea y las obras de Aphra Behn y las novelas de las cuatro grandes novelistas. Pues los libros son una sucesión continua, aunque tengamos por costumbre juzgarlos por separado. Y también debo considerarla —a esta mujer desconocida— como la descendiente de todas aquellas otras mujeres cuyas circunstancias he analizado para ver cuáles de sus características y restricciones ha heredado. Así pues, con un suspiro, porque las novelas a menudo proporcionan un analgésico y no un antídoto, sumen a una en letárgicos duermevelas en lugar de estimularla con un hierro candente, me acomodé con una libreta y un lápiz para hacer lo que pudiera con la primera novela de Mary Carmichael, *La aventura de la vida*.

Para empezar, paseé la mirada arriba y abajo por la página. Primero voy a tomarles el pulso a sus frases, me dije, antes de cargar mi memoria con ojos azules y marrones y con la relación que pueda haber entre Chloe y Roger. Ya habrá tiempo para eso cuando haya decidido si lo que la novelista tiene en la mano es una pluma o un pico. Así pues, paladeé un par de frases. Al poco advertí que algo no acababa de funcionar. El suave fluir de frase tras frase se entrecortaba. Algo se rompía, algo se trababa; una palabra suelta aquí o allá hacía brillar su antorcha en mis ojos. La escritora se estaba «soltando», como dicen en las obras de teatro antiguas. Es como una persona que rasca una cerilla que no prende, pensé. Pero ¿por qué —le pregunté como si la autora estuviera presente— las frases de Jane Austen no tienen la forma adecuada para usted? ¿Es preciso destrozarlas todas porque Emma y el señor Woodhouse están muertos? En fin, suspiré, parece que sí. Pues, mientras que Jane Austen salta de melodía en melodía como Mozart de canción en canción, leer este texto era como estar en alta mar montada en una barca. Ahora una subía, ahora se hundía. El laconismo, la falta de aire, podrían significar que la escritora tenía miedo de algo; miedo de que la tildaran de «sentimental», quizá; o puede que recordara que la escritura femenina ha sido criticada por ser demasiado florida y en consecuencia proporcionara un exceso de espinas; pero hasta que lea una escena con cierta concentración no podré estar segura de si la autora se muestra tal como es o no. En cualquier caso, por lo menos no me hace perder la vitalidad, pensé, leyendo con más atención. Pero acumula demasiados hechos. Es imposible que logre emplear más de la mitad en un libro de este tamaño. (Tenía la mitad de la extensión de *Jane Eyre*). Sin embargo, de un modo u otro, sí consiguió meternos a todos —a Roger, Chloe, Olivia, Tony y al señor Bigham— en una canoa río arriba. Espera un momento, me dije, reclinándome en la silla, tengo que valorar el conjunto de la obra con más atención antes de seguir adelante.

Estoy casi segura, pensé, de que Mary Carmichael está jugando con nosotros. Porque me sentí como se siente una en las vías de una montaña rusa cuando el vagón, en lugar de caer en picado, para lo que una se había preparado, sube todavía más. Mary hace trampas con la secuencia esperada. Primero rompió la frase; ahora ha roto la secuencia. Muy bien, tiene todo el derecho a hacer esas cosas si no las hace por el mero hecho de romper esquemas, sino por el bien de la creación. De cuál de las dos cosas se trata aquí no podré saberlo hasta que se enfrente con una situación. Le daré total libertad, dije, para elegir qué situación será; puede dedicarla a unas latas y unas viejas teteras, si le place; pero debe convencerme de que ella cree que es una situación; y luego, cuando la plantee, debe enfrentarse a ella. Debe saltar. Y, decidida a cumplir con mi obligación hacia Carmichael como lectora si ella cumplía con su obligación como escritora, pasé la página y leí... Siento interrumpir de forma tan abrupta. ¿No hay ningún hombre presente? ¿Me prometen que detrás de esa cortina roja de allá no se esconde la silueta de sir Charles Biron? ¿Me aseguran que aquí todas somos mujeres? Entonces, me atreveré a decirles que las siguientes palabras que leí fueron estas: «A Chloe le gustaba Olivia»… No empiecen. No se ruboricen. Admitamos en la intimidad de nuestra compañía mutua que esas cosas ocurren a veces. Sí, a veces a las mujeres les gustan otras mujeres.

«A Chloe le gustaba Olivia», leí. Y entonces sentí la envergadura del cambio que tenía delante. A Chloe le gustaba Olivia quizá por primera vez en la literatura. A Cleopatra no le gustaba Octavia. ¡Y qué radical habría sido la transformación de *Antonio y Cleopatra* si le hubiera gustado! En la obra tal como es, pensé, dejando que mi mente, me temo, se desviara un poco de *La aventura de la vida*, todo el tema se simplifica, se convencionaliza, si me atrevo a decirlo, de un modo absurdo. Lo único que siente Cleopatra por Octavia son celos. ¿Es más alta que yo? ¿Qué peinados se hace? La obra, quizá, no requería más. Pero qué interesante habría sido si la relación entre las dos mujeres hubiera sido más complicada. Todas esas relaciones entre mujeres, pensé, repasando al instante la espléndida galería de mujeres ficticias, son demasiado simples. Cuántas cosas se han omitido, cuántas se han pasado por alto. E intenté recordar algún ejemplo en el curso de mis lecturas en el que dos mujeres fueran representadas como amigas. Hay un amago en *Diana de Crossways*. Por supuesto, hay confidentes en Racine y en las tragedias griegas. De vez en cuando aparecen madres e hijas. Pero casi sin excepción se las muestra en relación con los hombres. Era extraño pensar que todas las grandes mujeres de la ficción habían estado, hasta la época de Jane Austen, no solo vistas por el otro sexo, sino vistas únicamente en relación con el otro sexo. Y qué parte tan pequeña de la vida de una mujer representa eso; y qué poco puede saber un hombre incluso sobre ese tema cuando observa el fenómeno a través de las gafas negras o rosadas que el sexo le pone sobre la nariz. De ahí, tal vez, la peculiar naturaleza de la mujer en la ficción; los apabullantes extremos de su belleza y su fealdad; sus alteraciones entre la bondad celestial y la depravación infernal: pues así la vería un amante según su amor se enalteciera o se hundiese, fuera próspero o desdichado. Por supuesto, esto no se aplica tanto a los novelistas decimonónicos. Entonces la mujer se vuelve mucho más variada y compleja. De hecho, es posible que el deseo de escribir sobre las mujeres fuese lo que llevó a los hombres a abandonar de forma paulatina las obras dramáticas en verso que, con su violencia, apenas tenía cabida para dichas mujeres, y a concebir la novela como un receptáculo más adecuado. Aun con todo, sigue resultando obvio, incluso en la obra de Proust, que un hombre tiene un conocimiento de las mujeres terriblemente parcial y limitado, igual que ocurre con el conocimiento que una mujer tiene de los hombres.

Además, continué reflexionando, mientras contemplaba de nuevo la página, cada vez queda más patente que las mujeres, igual que los hombres, tienen otros intereses además de los eternos intereses del ámbito doméstico. «A Chloe le gustaba Olivia. Compartían un laboratorio...». Proseguí con la lectura y descubrí que estas dos jóvenes estaban enfrascadas en la tarea de picar hígado, que, al parecer, es una cura para la perniciosa anemia; pese a que una de ellas estaba casada y tenía —si no me equivoco— dos hijos pequeños. Aunque claro, ahora todo eso tiene que omitirse, de modo que el espléndido retrato de la mujer ficticia se vuelve mucho más simple y mucho más monótono. Supongamos, por ejemplo, que los hombres solo quedaran representados en la literatura como amantes de las mujeres y jamás fueran amigos de otros hombres, soldados, pensadores, soñadores; qué papeles tan pequeños tendrían reservados en las obras de Shakespeare; ¡cuánto se resentiría la literatura! Tal vez nos quedara la mayoría de Otelo; y buena parte de Antonio; pero ni pizca de César, ni Bruto, ni Hamlet, ni Lear, ni Jaques… La literatura se vería increíblemente empobrecida, como sin duda la literatura se ha visto empobrecida de forma incalculable a raíz de las puertas que se les han cerrado a las mujeres. Casadas contra su voluntad, encerradas en un cuarto y con una única ocupación, ¿cómo podía un dramaturgo ofrecer un relato completo, interesante o verídico de ellas? El amor era el único intérprete posible. El poeta se veía obligado a expresar pasión o amargura, a menos que eligiera «odiar a las mujeres», lo que con gran frecuencia significaba que a ellas les parecía poco atractivo.

Ahora bien, si a Chloe le gusta Olivia y comparten laboratorio, algo que en sí mismo haría su amistad más variada y duradera porque sería menos personal; si Mary Carmichael sabe escribir, y yo estaba empezando a disfrutar de cierta calidad en su estilo; si tiene una habitación propia, de lo cual no estoy del todo segura; si tiene quinientas libras al año a su disposición —cosa que aún está por demostrar—, entonces opino que ha sucedido algo de gran importancia.

Porque si a Chloe le gusta Olivia y Mary Carmichael sabe cómo expresarlo, encenderá una antorcha en una amplia cámara en la que nadie ha estado jamás. La estancia solo tiene luces tenues y profundas sombras, como esas cuevas serpenteantes donde alguien se mete con una vela observando sin parar arriba y abajo, sin saber dónde pisa. Retomé la lectura del libro y leí cómo Chloe observaba a Olivia mientras esta colocaba un frasco en una estantería y decía que ya era hora de volver a casa con sus hijos. Es una estampa que no se ha visto jamás desde que el mundo es mundo, exclamé. Y yo también la observé, con suma curiosidad. Pues quería ver cómo se ponía en marcha Mary Carmichael para captar esos gestos nunca descritos, esas palabras insinuadas o elididas, que se forman, no más palpables que las sombras de las polillas en el techo, cuando las mujeres están a solas, sin encenderse por la luz caprichosa y colorida del otro sexo. Tendrá que contener el aliento, me dije, mientras seguía leyendo, si se dispone a hacerlo; porque las mujeres sospechan tanto de cualquier interés que no tenga un motivo evidente detrás, están tan terriblemente acostumbradas al ocultamiento y la supresión que se escabullen en cuanto notan el parpadeo de un ojo que se vuelve hacia ellas con afán observador. La única manera de hacerlo, pensé, dirigiéndome a Mary Carmichael como si ella estuviera ahí conmigo, sería hablar de otra cosa, mirar con fijeza por la ventana, y de ese modo anotar, no con un lápiz en un cuaderno, sino con la más abreviada de las taquigrafías, con palabras que apenas contuvieran sílabas, lo que ocurre cuando Olivia —ese organismo que ha estado bajo la sombra de la piedra tantos millones de años— nota que la luz cae sobre ella, y ve que se le pone delante un pedazo de un alimento extraño: conocimiento, aventura, arte. Y alarga el brazo para atraparlo, pensé, levantando de nuevo la mirada de la página, y tiene que generar una combinación por completo novedosa de sus recursos, tan increíblemente desarrollados para otros menesteres, con el fin de asimilar lo nuevo dentro de lo viejo sin estropear el equilibrio infinitamente intrincado y elaborado del conjunto.

Pero, ay, había hecho justo lo que estaba decidida a no hacer; me había puesto a alabar sin querer a mi propio sexo. «Increíblemente desarrollados» —«infinitamente intrincado»—, es indudable que se trata de términos de alabanza, y alabar el propio sexo siempre es sospechoso, a menudo ridículo; es más, en este caso, ¿cómo iba a justificarlo? No podía ir al mapa y decir que Colón descubrió América y que Colón era una mujer; o agarrar una manzana y comentar: Newton descubrió las leyes de las gravedad y Newton era una mujer; o contemplar el cielo y decir que los aviones vuelan por el aire y que los inventaron las mujeres. No hay marcas en la pared que midan la altura precisa de las mujeres. No hay metros, divididos en centímetros y milímetros, que puedan registrar las cualidades de una buena madre o con la devoción de una hija, o la fidelidad de una hermana o las capacidades de un ama de casa. Incluso en la actualidad, pocas mujeres han sido evaluadas en las universidades; los grandes retos de las profesiones, el ejército y la marina, el comercio, la política y la diplomacia casi nunca las han puesto a prueba. Permanecen, incluso en este momento, en su mayor parte sin calificar. En contraste, si quiero saber todo lo que puede contarme un ser humano acerca de sir Hawley Butts, por ejemplo, basta con que abra un libro de Burke o de Debrett y descubriré que estudió tal y cual carrera; es dueño de una casa solariega; tiene un heredero; fue secretario en una Junta Directiva; representó a Gran Bretaña en Canadá; y ha recibido cierto número de títulos universitarios, cargos, medallas y otras distinciones con los que sus méritos han quedado grabados en su persona de forma indeleble. Solo la Providencia puede saber más que yo sobre sir Hawley Butts.

Así pues, cuando digo «increíblemente desarrollados», «infinitamente intrincado» para referirme a las mujeres, no tengo posibilidad de corroborar mis palabras ya sea en la obra de Whitaker o de Debrett, ya sea en el almanaque de la universidad. ¿Qué puedo hacer en semejante tesitura? Y volví a mirar la estantería. Allí estaban las biografías: Johnson y Goethe y Carlyle y Sterne y Cowper y Shelley y Voltaire y Browning y muchos otros. Y me puse a pensar en todos esos grandes hombres que, por un motivo u otro, habían admirado, deseado, convivido con, confesado a, hecho el amor con, escrito sobre, confiado en y demostrado tener lo que solo puede describirse como cierta necesidad y dependencia de determinadas personas del sexo opuesto. No podía afirmar que todas aquellas relaciones fueran absolutamente platónicas, y es probable que sir William Joynson Hicks lo hubiese negado. Pero estaríamos malinterpretando en gran medida a esos distinguidos hombres si insistiéramos en que lo único que hallaron en tales alianzas fue comodidad, halagos y placeres corporales. Es innegable que lo que obtuvieron fue algo que su propio sexo era incapaz de proporcionarles; y tal vez no sería descabellado afinar un poco más en la definición, sin citar las palabras indudablemente exageradas de los poetas, y decir que era un estímulo, una renovación del poder creativo que solo el don del sexo opuesto puede otorgar. El hombre abría la puerta de la sala de estar o la habitación infantil, pensé, y se encontraba a su mujer tal vez rodeada de sus hijos, o con una labor de bordado en el regazo: en cualquier caso, el centro de algún orden y algún sistema de vida diferentes, y el contraste entre este mundo y el de él, que podía ser el tribunal de justicia o la Cámara de los Comunes, se vería renovado y fortalecido de inmediato; y a eso debía de seguir, incluso en la charla más intrascendente, tal diferencia de opinión natural que las ideas secas en él volverían a verse fertilizadas; y verla creando en un medio tan distinto del suyo aceleraría tanto el poder creativo del hombre que, inconscientemente, su mente estéril empezaría a maquinar de nuevo y encontraría la frase o la escena que le faltaba cuando se había puesto el sombrero para ir a verla. Todo Johnson tiene a su Thrale, y se aferra a ella por razones como esta, y cuando la tal Thrale se casa con su maestro de música italiano, Johnson se vuelve medio loco de rabia y repulsión, no solo porque echará de menos las agradables veladas en Streatham, sino poque la luz de su vida se habrá «como apagado».

Y sin ser el doctor Johnson o Goethe o Carlyle o Voltaire, una puede sentir, aunque de un modo muy distinto que esos grandes hombres, la naturaleza de esa complejidad y la potencia de esa facultad creativa tan desarrollada entre las mujeres. Una entra en la habitación… Pero los recursos de la lengua tendrían que estirarse mucho, y bandadas enteras de palabras tendrían que comenzar a existir ilegítimamente antes de que una mujer pudiera decir qué ocurre cuando entra en una habitación. Las habitaciones difieren en infinidad de sentidos; son tranquilas o tormentosas; se abren al mar o, por el contrario, dan al patio de una cárcel; tienen ropa tendida; o nadan en ópalos y sedas; son duras como la crin o suaves como las plumas… Basta con que una entre en cualquier habitación de cualquier calle para que toda esa fuerza extremadamente compleja de la feminidad le venga al encuentro. ¿Cómo iba a ser de otra manera? Pues las mujeres llevan todos estos millones de años sentadas dentro de casa, de modo que a estas alturas las propias paredes están impregnadas de su fuerza creativa, una fuerza que, en efecto, ha superado hasta tal punto la capacidad de los ladrillos y el cemento que necesita apuntalarse en plumas y pinceles y negocios y política. Pero esta fuerza creativa difiere en gran medida de la que tienen los hombres. Y hay que reconocer que sería una pena tremenda que se viera mermada o desperdiciada, ya que se consiguió mediante siglos de la más drástica disciplina, y no hay nada que la reemplace. Sería una pena tremenda si las mujeres escribieran como los hombres, o vivieran como los hombres, o se parecieran a los hombres, pues si dos sexos ya resultan bastante inadecuados, teniendo en cuenta la amplitud y la variedad del mundo, ¿cómo íbamos a desenvolvernos con uno solo? ¿No sería de esperar que la educación hiciera aflorar y fortificara las diferencias en lugar de las similitudes? Dado que ya nos parecemos demasiado tal como están las cosas, y si un explorador volviese a la Tierra y nos hablase de otros sexos que espían otros cielos entre las ramas de otros árboles, nada sería más útil para la humanidad; y tendríamos el inmenso placer adicional de ver cómo el profesor X corre a buscar sus varas de medir para demostrar que él es «superior».

Mary Carmichael, pensé, planeando aún a cierta distancia por encima de la página, tendrá que enfrentarse a que, al analizar su obra, la cataloguen de mera observadora. Y me temo que, en efecto, se verá tentada a convertirse en lo que creo que es la rama menos interesante de la especie: la novelista naturalista, y no la contemplativa. Hay tantos hechos nuevos que puede observar… Ya no tendrá que limitarse a las casas respetables de la clase media alta. Entrará sin amabilidad ni condescendencia, sino con espíritu de camaradería, en las salas pequeñas y perfumadas en las que se sientan la cortesana, la ramera y la dama del perrito faldero. Allí continúan sentadas con la ropa tosca y de talla estándar que el escritor varón ha tenido por fuerza que colocar sobre sus hombros. Pero Mary Carmichael sacará sus tijeras y las acercará a todos los huecos y ángulos para que la ropa les quede a medida. Será una estampa curiosa, cuando se produzca, ver a esas mujeres tal como son, pero tendremos que esperar un poco, porque Mary Carmichael todavía estará abrumada con ese azoramiento que surge en presencia del «pecado» heredado de nuestra barbarie sexual. Todavía llevará los lamentables y viejos grilletes de la clase social en los tobillos.

Sin embargo, la mayor parte de las mujeres no son ni rameras ni cortesanas; tampoco se pasan la tarde estival sentadas con perritos falderos en el regazo y rodeadas de polvoriento terciopelo. Pero entonces ¿a qué se dedican? En ese momento visualicé con la mente una de esas largas calles situadas al sur del río cuyas infinitas filas de pisos están pobladas por innumerables personas. Con el ojo de la imaginación veo a una dama ancianísima cruzando la calle cogida del brazo de una mujer de mediana edad, tal vez su hija, ambas ataviadas con botas y pieles tan respetables que el acto de vestirse por la tarde debe de ser un ritual, y seguro que guardan las prendas en armarios con alcanfor, año tras año, durante los meses de verano. Cruzan la calle justo cuando se encienden las farolas (pues el atardecer es su hora preferida) como sin duda harán año tras año. La mayor es casi octogenaria; pero si le preguntara qué ha significado su vida, diría que recordaba las calles iluminadas por la batalla de Balaclava o que había oído los cañones en Hyde Park por el nacimiento del rey Eduardo VII. Y si le preguntara, con ansias de fijar el momento con fecha y estación, pero ¿qué hacía usted el 5 de abril de 1868 o el 2 de noviembre de 1875?, entonces la dama, con la mirada perdida, diría que no recordaba nada. Dado que todas las cenas están cocinadas; todos los platos y tazas lavados; los niños enviados a la escuela y ya campando por el mundo. Nada queda de todo eso. Todo se ha desvanecido. Ninguna biografía de la historia tiene una palabra que decir al respecto. Y las novelas, sin querer, mienten de forma inevitable.

Todas estas vidas, infinitamente oscuras, todavía no han quedado retratadas, dije, dirigiéndome a Mary Carmichael como si la tuviera delante; y, en mi pensamiento, continué avanzando por las calles de Londres notando en la imaginación la presión del silencio, la acumulación de la vida olvidada, ya fuera la de las mujeres en las esquinas, con los brazos en jarras y los anillos hincados en sus gordos dedos hinchados, hablando sin parar de gesticular, como si fueran personajes declamando a Shakespeare; o ya fuera la de las vendedoras de violetas y de cerillas y las viejas arpías apostadas en los umbrales de las puertas; o las de muchachas a la deriva cuyas caras, como olas un día medio nublado, indican la llegada de hombres y mujeres y las luces centelleantes de los escaparates. Todo eso es lo que tendrá que explorar, le dije a Mary Carmichael, y deberá hacerlo sujetando con firmeza la antorcha en la mano. Sobre todo, debe iluminar su propia alma con sus profundidades y bajíos, con sus vanidades y generosidades, y decir lo que significa su belleza o su fealdad para usted misma, y qué relación tiene con el fluctuante y cambiante mundo de guantes y zapatos y adornos que se balancean arriba y abajo, entre los leves aromas que salen de los frascos de los boticarios, por entre arcos de tela para vestidos sobre un suelo de pseudo mármol. Pues, con la imaginación, había entrado en una tienda que tenía el suelo de baldosas blancas y negras; de las paredes colgaban, con una belleza maravillosa, lazos de colores. Es posible que Mary Carmichael le echara un vistazo al pasar, pensé, pues era una escena tan digna de fijarse por escrito como un pico nevado o una garganta rocosa en los Andes. Y además está la joven dependienta detrás del mostrador: con más agrado leería su verdadera historia que la centésima o quincuagésima vida de Napoleón o el septuagésimo estudio de Keats y su empleo de la inversión miltoniana que el viejo profesor Z y sus pares están componiendo ahora mismo. Y entonces continué con suma cautela, caminando con las puntas de los pies (tan cobarde soy, tan temerosa del látigo que una vez estuvo a punto de caer sobre mis hombros), y murmuré que también debería aprender a reírse, sin amargura, de las vanidades —o mejor dicho, las peculiaridades, porque es un término menos ofensivo— del otro sexo. Porque hay un punto del tamaño de un chelín en la nuca que una persona nunca puede verse a sí misma. Es una de las buenas obras que un sexo puede ofrecer al otro: describir ese punto del tamaño de un chelín en la nuca. Pensemos en cuántas mujeres han sacado provecho de los comentarios de Juvenal; de la crítica de Strindberg. ¡Pensemos de qué forma tan humana e ingeniosa los hombres, desde la Antigüedad, han señalado a las mujeres ese punto oscuro en la nuca! Y si Mary fuese muy valiente y muy sincera, se colocaría detrás del otro sexo y nos contaría qué había descubierto ahí. Será imposible pintar un retrato auténtico del hombre hasta que una mujer haya descrito ese punto del tamaño de un chelín. El señor Woodhouse y el señor Casaubon son puntos de esa talla y naturaleza. Por supuesto, nadie en su sano juicio le recomendaría a la escritora que los sometiera a la burla y al ridículo a propósito: la literatura muestra lo inútil que es escribir con ese espíritu. Sea fiel a la verdad, le diría una servidora, y sin duda el resultado será increíblemente interesante. Sin duda la comedia se verá enriquecida. Sin duda se desvelarán nuevos hechos.

En cualquier caso, ya iba siendo hora de que volviera a concentrar la mirada en la página. En lugar de especular sobre qué podría escribir o qué debería escribir Mary Carmichael, sería mejor ver lo que, en efecto, había escrito dicha autora. Así pues, retomé la lectura. Recordé que tenía ciertas reticencias hacia ella. Había roto la frase de Jane Austen y, con eso, me había privado de la oportunidad de vanagloriarme de mi impecable gusto, mi infalible oído. Porque era inútil decir: «Sí, sí, está muy bien; pero Jane Austen escribió mucho mejor que usted», cuando tenía que admitir que no había ni punto de comparación entre ambas. Luego había ido un paso más allá y había roto la secuencia: el orden esperado. Tal vez lo hubiera hecho de forma inconsciente, simplemente dando a las cosas su orden natural, como haría una mujer que escribiera como una mujer. Pero el efecto era algo embrolloso; era incapaz de ver una ola que se elevaba, una crisis a la vuelta de la esquina. Así pues, tampoco podía vanagloriarme de la hondura de mis sentimientos y mi de profundo conocimiento del corazón humano. Porque, cada vez que estaba a punto de sentir las cosas habituales en los lugares habituales, acerca del amor, acerca de la muerte, aquella irritante criatura me apartaba de una sacudida, como si lo importante se encontrase un poco más adelante. Y, de ese modo, hacía que me resultara imposible soltar mis sonoras expresiones sobre los «sentimientos elementales», la «esencia común de la humanidad», «lo profundo del corazón humano» y todas esas otras expresiones que afianzan nuestra creencia de que, por muy ingeniosos que podamos ser en la superficie, somos muy serios, muy profundos y muy humanos por debajo. Al contrario, Mary Carmichael me hacía sentir que, en lugar de ser profunda y humana, tal vez era —y ese pensamiento era mucho menos seductor— simplemente perezosa y convencional en mis ideas.

Pero continué leyendo y me fijé en otros hechos más. La autora no era un «genio»: saltaba a la vista. Carecía del amor por la Naturaleza, la imaginación encendida, la poesía arrojada, el astuto ingenio, la taciturna sabiduría de sus grandes predecesoras, lady Winchilsea, Charlotte Brontë, Emily Brontë, Jane Austen y George Eliot; no era capaz de escribir con la melodía y la dignidad de Dorothy Osborne... En realidad, no era más que una muchacha lista cuyos libros sin duda acabarían triturados por los editores en cuestión de diez años. Pero, pese a todo, tenía ciertas ventajas de las que otras mujeres con muchas más dotes habían carecido medio siglo antes. Los hombres ya no eran para ella la «facción contraria»; no le hacía falta perder el tiempo soltando pestes sobre ellos; no le hacía falta subirse al ático y estropear su paz mental anhelando viajes, experiencias y conocimiento del mundo y de los caracteres humanos que le habían sido negados. El miedo y el odio habían desaparecido casi por completo, o, si acaso, el rastro de ellos se mostraba únicamente en una ligera exageración del júbilo de la libertad, una tendencia a lo cáustico y satírico, en lugar de a lo romántico, en su tratamiento del sexo opuesto. Asimismo, no cabía duda de que como novelista gozaba de algunas ventajas naturales de un orden superior. Tenía una sensibilidad que era muy amplia, ávida y libre; que respondía ante un roce casi imperceptible. Disfrutaba como una planta recién puesta al aire libre de toda visión y todo sonido que viniera a su encuentro. Además, abarcaba de forma muy sutil y curiosa cosas desconocidas o jamás descritas; se encendía con los pequeños detalles y demostraba que tal vez en el fondo no fuesen tan pequeños. Sacaba a la luz cosas enterradas y hacía que una se preguntase qué necesidad había habido de enterrarlas. Pese a ser torpe y carecer del porte inconsciente de las largas estirpes, que vuelve delicioso al oído el menor giro de la pluma de un Thackeray o un Lamb, Mary Carmichael había dominado —empecé a pensar— la primera gran lección; escribía como una mujer, de modo que sus páginas estaban llenas de esa curiosa cualidad sexual que surge únicamente cuando un sexo no es consciente de sí mismo.

Todo eso eran virtudes. Pero de nada le valdrían la abundancia de sensaciones ni las percepciones refinadas si no pudiera construir, a partir de lo efímero y lo personal, un edificio duradero que se mantuviera en pie. Antes he dicho que esperaría hasta que Mary Carmichael se enfrentase a «una situación». Y con eso me refería a esperar hasta que demostrara con la recopilación, las señas y la síntesis que no se limitaba a navegar en la superficie, sino que había mirado hacia abajo, en las profundidades. Ha llegado la hora, se diría la autora en un momento concreto, de que, sin hacer nada violento, pueda demostrar el sentido de todo esto. Y entonces empezaría —¡qué inconfundible es ese estímulo!— a recopilar y hacer señas, y evocaría en la memoria detalles triviales, medio olvidados quizá, recogidos de otros capítulos que había dejado caer por el camino. Y, de pronto, resurgirían esos detalles mientras alguien cosía o fumaba en pipa con la mayor naturalidad posible, y yo me sentiría, conforme se sucedieran las páginas, como si hubiera subido a la cima del mundo y lo hubiera visto desplegado a mis pies, con suma majestuosidad.

Por lo menos, se notaba que la autora intentaba hacerlo. Y mientras observaba cómo se alargaba para pasar esa prueba, vi, pero confié en que ella no hubiera visto, a los obispos y los deanes, a los doctores y los catedráticos, a los patriarcas y los pedagogos gritándole advertencias y consejos todos juntos. ¡No puede hacer eso y no debe hacer lo otro! ¡Solo los profesores y los estudiosos pueden pisar el césped! ¡Prohibido el acceso a las damas salvo con carta de presentación! ¡Las refinadas aspirantes a novelistas por aquí! Así siguieron increpándola como la muchedumbre junto a una valla en las carreras de caballos, y tuvo que hacer acopio de toda su concentración para saltar la valla sin mirar a derecha ni a izquierda. Si se para usted a maldecir, está perdida, le dije; también lo está si se para a reírse. Vacile o titubee y está acabada. Piense solo en el salto, le imploré, como si hubiera apostado todo mi dinero a que ella ganaría; y pasó por encima como un pájaro. Pero había otra valla después y luego otra valla más. Tenía mis dudas de si la escritora aguantaría con ese aplomo, pues los aplausos y los gritos ponían de los nervios. Pero lo hizo lo mejor que pudo. Teniendo en cuenta que Mary Carmichael no era un genio, sino una muchacha desconocida que escribía su primera novela en una habitación alquilada, sin suficiente ración de esas cosas tan deseables, tiempo, dinero y ocio, no lo había hecho tan mal, pensé.

Denle otros cien años, fue mi conclusión, al leer el último capítulo —la nariz y los hombros desnudos de la gente quedaron al descubierto contra un cielo estrellado, porque alguien había descorrido la cortina del salón—, denle una habitación propia y quinientas libras al año, y un día de estos escribirá un libro mejor. Será poeta, dije, dejando *La aventura de la vida*, de Mary Carmichael, en el extremo de la estantería, dentro de cien años.

6

Al día siguiente, la luz de la mañana de octubre se colaba en polvorientos haces por las ventanas sin cortinas y el murmullo del tráfico subía desde la calle. Londres empezaba a poner en marcha sus engranajes de nuevo; la fábrica se removía; las máquinas se activaban. Después de tantas lecturas, era tentador mirar por la ventana y ver qué hacía Londres la mañana del 26 de octubre de 1928. Y ¿qué hacía Londres? Me dio la impresión de que nadie estaba leyendo *Antonio y Cleopatra*. Al parecer, Londres se mostraba del todo indiferente a las obras teatrales de Shakespeare. A nadie le importaba un comino —y no los culpo— el futuro de la novela, la muerte de la poesía o el desarrollo por parte de cualquier mujer de un estilo narrativo que expresara a la perfección los meandros de su mente. Si las opiniones sobre estos temas hubieran estado escritas con tiza en la acera, nadie se habría agachado para leerlas. La despreocupación de los pies apresurados las habría borrado al cabo de media hora. Por ahí iba un chico de los recados; por allá una mujer paseando a un perro con correa. La fascinación de las calles de Londres es que no hay dos personas iguales; cada una parece absorta en algún asunto privado y personal. Estaban los oficinistas, con sus maletines; estaban los paseantes que hacían ruido con el bastón en las barandillas; estaban los personajes afables para los que las calles sirven de club social, hombres en carretas que vociferaban y daban información sin que nadie se la hubiera pedido. También había cortejos fúnebres ante los cuales los hombres, que de pronto recordaban que también su propio cuerpo se apagaría, se quitaban el sombrero. Y entonces apareció un caballero muy distinguido que salió despacio del umbral de la puerta y se detuvo para evitar la colisión con una dama ajetreada que, por los medios que fuera, había adquirido un espléndido abrigo de pieles y un ramo de violetas de Parma. Todos ellos parecían autónomos, absortos en sus cosas, pendientes de asuntos propios.

En ese momento, como tantas veces ocurre en Londres, se produjo un silencio absoluto y el cese del tráfico. Ningún vehículo avanzaba por la calle; nadie pasaba. Una única hoja se desprendió del plátano al final de la calle, y en esa pausa y suspensión cayó. En cierto modo fue como si cayera una señal, una señal que indicaba una fuerza de las cosas que hasta entonces me había pasado inadvertida. Parecía señalar un río que fluía por allí, invisible, doblaba la esquina, bajaba la calle y tomaba a la gente y la arremolinaba a su paso, igual que la corriente de Oxbridge había arrastrado al estudiante en su barca y las hojas muertas. Entonces llevó de un lado a otro de la calle, en zigzag, a una muchacha con unas botas de charol, y luego a un joven con un abrigo marrón; también arrastró un taxi; e hizo que los tres confluyeran en un punto justo debajo de mi ventana; allí se paró el taxi; y se pararon la muchacha y el joven; y se metieron en el taxi; y entonces el vehículo se puso en marcha como si la corriente lo barriera hacia otra parte.

La estampa era bastante cotidiana; lo que resultaba extraño era el orden rítmico con el que mi imaginación la había adornado; y el hecho de que la estampa cotidiana de dos personas montándose en un taxi tuviera la capacidad de comunicar una parte de la satisfacción que ambos parecían sentir. La estampa de dos personas que recorren la calle y se encuentran en la esquina parece liberar a la mente de cierta tensión, pensé, mientras observaba el taxi, dándose la vuelta y poniéndose a circular. Tal vez pensar, como había estado pensando yo esos dos días, en un sexo como algo distinto del otro constituye un esfuerzo. Interfiere con la unidad de la mente. Ahora ese esfuerzo había cesado y dicha unidad se había restaurado al ver a dos personas reuniéndose y subiendo juntas a un taxi. El cerebro es sin duda un órgano muy misterioso, reflexioné, sacando la cabeza por la ventana, sobre el que no se sabe nada en absoluto, pese a que dependemos de él por completo. ¿Por qué tengo la impresión de que hay rupturas y oposiciones en la mente, igual que hay tensiones nacidas de causas evidentes en el cuerpo? ¿A qué se refiere una con «la unidad de la mente»? Reflexioné, pues desde luego la mente tiene una capacidad tan inmensa de concentrarse en un punto concreto en un momento concreto que parece carecer de un único estado del ser. Puede distanciarse de la gente que hay en la calle, por ejemplo, y pensar que está escindida de los demás, en una ventana alta, mirándolos desde arriba. O puede pensar junto a otras personas de manera espontánea como, por ejemplo, en una muchedumbre que espera a oír las noticias que alguien lee en voz alta. Puede pensar en el pasado a través de sus padres y a través de sus madres, como he dicho que piensa la mujer que escribe a través de sus distintas madres. De nuevo, si una es una mujer, a menudo le sorprende una repentina disgregación de la consciencia, pongamos, mientras pasea por Whitehall, cuando de ser la heredera natural de esa civilización, pasa a ser, al contrario, alguien externo a tal civilización, una persona ajena y crítica. Como es natural, la mente siempre está modificando el punto de enfoque y dotando al mundo de nuevas perspectivas. Pero algunos de esos estados mentales parecen, aunque se adopten con espontaneidad, menos cómodos que otros. Con el fin de mantenerse dentro de uno de esos estados, una debe refrenar algo de forma inconsciente, y poco a poco la represión se transforma en un esfuerzo. Pero puede existir algún estado mental en el que una pueda continuar sin esfuerzo, porque no hay nada que requiera ser refrenado. Y tal vez este, pensé, sea uno de esos estados mentales. Pues, desde luego, cuando vi a la pareja entrar en el taxi, mi mente se sintió como si, después de haberse visto dividida, se hubiera reagrupado en una fusión natural. La razón más obvia sería que es natural que los sexos cooperen. Una tiene un instinto profundo, aunque irracional, que la decanta hacia la teoría de que la unión entre hombre y mujer provoca la mayor satisfacción, la felicidad más completa. Pero la visión de las dos personas montándose en el taxi y la satisfacción que me produjo hizo que me preguntara también si hay dos sexos en la mente que se correspondan a los dos sexos del cuerpo, y si asimismo requieren estar unidos para lograr la satisfacción y felicidad completas. Y en calidad de aficionada me dispuse a trazar un esbozo del alma según el cual en cada uno de nosotros presiden dos poderes, uno masculino, otro femenino; y en el cerebro del hombre, el hombre predomina sobre la mujer, y en el cerebro de la mujer, la mujer predomina sobre el hombre. El estado normal y cómodo del ser se da cuando las dos partes conviven en armonía, cooperan en el plano espiritual. Si alguien es un hombre, aun así la parte femenina de su cerebro debe tener efecto; y la mujer también debe relacionarse con el hombre que lleva dentro. Es posible que Coleridge se refiriese a esto cuando dijo que la mente privilegiada es andrógina. Cuando esta fusión tiene lugar, la mente se ve fertilizada por completo y emplea todas sus facultades. Quizá una mente que sea puramente masculina no puede crear, del mismo modo que una mente que sea puramente femenina tampoco podrá, pensé. Pero sería mejor examinar qué quería decir con la feminidad del hombre, o a la inversa, con la masculinidad de la mujer, parándome a analizar un par de libros.

Cuando Coleridge dijo que una mente privilegiada es andrógina, desde luego no se refería a una mente que tuviera una especial afinidad con las mujeres; una mente que adoptase su causa y se volcara en su interpretación. Tal vez la mente andrógina esté menos capacitada para hacer esas distinciones que la mente de un único sexo. Se refería, tal vez, a que la mente andrógina es resonante y porosa; que transmite la emoción sin impedimentos; que es por naturaleza creativa, incandescente y unitaria. De hecho, una se ve impelida a presentar la mente de Shakespeare como ejemplo de mente andrógina, de la mente de un hombre con cierta feminidad, aunque sería imposible decir qué pensaba Shakespeare de las mujeres. Y si es cierto que una de las características de la mente plenamente desarrollada es que no concibe el sexo de forma especial o separada, cuánto más difícil resulta alcanzar esa condición ahora que en cualquier otro momento del pasado. Entonces me dirigí a los libros de los escritores vivos, y al llegar a ellos me detuve y me pregunté si eso no sería el origen de algo que desde hacía tiempo me desconcertaba. Ninguna época puede haber sido tan consciente del sexo y de un modo tan estruendoso como la nuestra; esos innumerables libros sobre las mujeres escritos por hombres y conservados en el Museo Británico son la prueba. La campaña sufragista sin duda tuvo la culpa. Debió de despertar en los hombres un deseo extraordinario de autoafirmarse; debió de provocar que hicieran hincapié en su propio sexo y sus características de un modo que no se habrían molestado en articular de no haberse visto retados.

Y cuando uno se siente retado, aunque sea por unas cuantas mujeres con sombreros negros, uno contrataca, si nunca se ha sentido retado antes, de manera bastante excesiva. Tal vez eso explique algunas de las características que recuerdo haber encontrado aquí, pensé, sacando una novela recién publicada del señor A, quien está en la flor de la vida y goza de la mejor opinión de la crítica, por lo que parece. Lo abrí. En realidad, fue una delicia leer de nuevo el estilo de un hombre. Era tan directo, tan sencillo después del estilo de las mujeres. Indicaba tal libertad mental, tal libertad personal, tal confianza en sí mismo… Una tenía la sensación de bienestar físico en presencia de aquella mente bien nutrida, bien educada y libre, que nunca se había visto frustrada ni rebatida, sino que había tenido total libertad desde el nacimiento para desplegarse en la dirección que desease. Todo eso era admirable. Pero después de leer un capítulo o dos, una sombra pareció cubrir la página. Eran dos trazos separados y oscuros, uno en forma de horquilla y otro redondo, una sombra que formaba algo similar a la palabra «yo». Empecé a asomarme por aquí y por allá para ver qué paisaje había detrás de ese impedimento. No acababa de quedarme claro si aquello era, en efecto, un árbol o una mujer paseando. En todo momento me sentía impelida a volver a ese «yo». Una empezaba a cansarse de tanto «yo». No del hecho de que ese «yo» fuera un «yo» de lo más respetable; sincero y lógico; duro como una nuez y pulido mediante siglos de buenas enseñanzas y buena alimentación. Respeto y admiro a ese «yo» con todo mi corazón.

Pero —al llegar ahí pasé un par de páginas, en busca de una cosa u otra— lo peor del caso es que en la sombra de las letras que conforman el «yo» todo es informe como la niebla. ¿Eso es un árbol? No, es una mujer. Pero… si no tiene huesos en el cuerpo, pensé, observando a Phoebe, ya que así se llamaba, recorriendo la playa. Entonces Alan se levantó y la sombra de Alan eclipsó de inmediato a Phoebe. Porque Alan tenía opiniones y Phoebe quedaba ahogada por la inundación de las opiniones de él. Y además, pensé, Alan tiene pasiones; y empecé a pasar páginas y páginas a toda velocidad, con la sensación de que se aproximaba la crisis, y así fue. Tuvo lugar en la playa bajo el sol. Ocurrió de forma muy evidente. Ocurrió con un gran vigor. Nada podría haber sido más indecente. Pero… Ya había puesto demasiados «peros». Una no puede seguir diciendo «pero» sin cesar. Es preciso acabar la frase de algún modo, me recriminé. Pues la terminaré: «Pero… ¡me aburro!». Pero ¿por qué me aburría? En parte, debido a la dominancia de las dos letras del «yo» y a la esterilidad que, igual que una gigantesca haya, provoca en el espacio que ocupa su sombra. Allí no puede crecer nada. Y, en parte, por otra razón mucho más oscura. Parecía existir algún obstáculo, algún impedimento en la mente del señor A que bloqueaba la fuente de energía creativa y la encauzaba dentro de unos límites estrechos. Y entonces, recordando el almuerzo en Oxbridge, y el cenicero y el gato manx y a Tennyson y a Christina Rossetti, todo en conjunto, me pareció plausible que el impedimento estuviera ahí. Dado que él ya no tararea en un susurro «Una espléndida lágrima ha caído / de la flor de la pasión junto a la puerta», cuando Phoebe cruza la playa, y ella ya no responde: «Mi corazón es como un ave / cuyo nido emerge de una ola», cuando Alan se aproxima, ¿qué puede hacer el autor? Ser sincero como el día y lógico como el sol, eso es lo único que puede hacer. Y eso es lo que hace, hay que reconocerlo, una y otra vez (dije sin dejar de pasar páginas) y otra vez más. Y eso, añadí, consciente de la horrible naturaleza de mi confesión, resulta un poco aburrido. La indecencia de Shakespeare arranca un millar de cosas más en la propia mente, y dista de ser aburrida. Pero Shakespeare lo hace por placer; el señor A, como dicen las niñeras, lo hace a propósito. Lo hace para protestar. Y protesta contra la igualdad del otro sexo mediante un intento de afirmar su propia superioridad. Por lo tanto, se pone trabas, se inhibe y se cohíbe como tal vez hubiera hecho Shakespeare de haber conocido también a la señorita Clough y a la señorita Davies. Sin duda, la literatura isabelina tendría una forma muy distinta de la que tiene si el movimiento en defensa de las mujeres hubiese empezado en el siglo XVI y no en el XIX.

Así pues, a lo que se resume todo, si esta teoría de las dos partes del cerebro resulta ser cierta, es a que ahora la virilidad ha cobrado conciencia de sí misma: es decir, los hombres escriben ahora únicamente con la parte masculina del cerebro. Es un error que una mujer intente leerlos, pues sin poder evitarlo buscará algo que no encontrará. Lo que más echa de menos una es el poder de la sugestión, pensé, mientras sacaba la obra del señor B, el crítico, y leía, con mucha atención y muy concentrada, sus comentarios sobre el arte de la poesía. Eran muy perspicaces, desde luego, certeros y muy cultos; pero el problema era que sus sentimientos ya no se comunicaban; su mente parecía escindida en diferentes salas; ni un sonido se transmitía de una a otra. Así pues, cuando una se lleva a la mente una frase del señor B, esta cae redonda al suelo… muerta; pero cuando una toma una frase de Coleridge y se la lleva a la mente, explota y engendra todo tipo de ideas distintas, y esa es la única clase de literatura que puede decirse que tiene el secreto de la vida eterna.

No obstante, sea cual sea la razón, es un hecho de lo más deplorable. Pues significa —y entonces había llegado a las filas de libros del señor Galsworthy y del señor Kipling— que algunas de las obras más exquisitas de nuestros mejores escritores vivos van a parar a oídos sordos. Por mucho que se esfuerce, una mujer no podrá encontrar en ellos esa fuente de vida eterna que los críticos le aseguran que está ahí. No es solo que celebren virtudes masculinas, refuercen valores masculinos y describan el mundo de los hombres; es que la emoción que permea esos libros resulta incomprensible para una mujer. Ya se acerca, se aglutina, está a punto de estallar en mi cabeza, se repite la lectora mucho antes de terminar. Al final, ese cuadro se le caerá en el cogote al viejo Jolyon; morirá a causa del sobresalto; el viejo clérigo dirá dos o tres palabras de homenaje a modo de panegírico; y todos los cisnes del Támesis se pondrán a cantar desaforados a la vez.

Pero una se alejará a toda prisa antes de que eso ocurra y se esconderá detrás del grosellero silvestre, pues la emoción que es tan profunda, tan sutil, tan simbólica para un hombre llena de asombro a una mujer. Lo mismo ocurre con los oficiales del señor Kipling que vuelven la espalda; y con sus Sembradores que siembran la Semilla; y con sus Hombres que están a solas con su Obra; y la Bandera... una se ruboriza ante todas esas mayúsculas como si la hubieran pillado espiando una orgía puramente masculina. El caso es que ni el señor Galsworthy ni el señor Kipling tienen una chispa de la mujer dentro. Por lo tanto, todas sus cualidades les parecen a las mujeres, si se me permite la generalización, crudas e inmaduras. Carecen de poder de sugestión. Y cuando un libro carece de poder de sugestión, por muy fuerte que golpee la superficie de la mente, no podrá meterse dentro.

Y, con el ánimo inquieto con el que una saca los libros de la estantería y los vuelve a guardar sin mirarlos siquiera, empecé a vislumbrar una era futura de virilidad pura y llena de autoafirmación, como parecen anticipar las cartas de los catedráticos (pensemos en las cartas de sir Walter Raleigh, por ejemplo) y como ya han hecho realidad los dirigentes de Italia. Pues es imposible no verse impresionada por la rotunda masculinidad que impera en Roma; y sea cual sea el valor de la rotunda masculinidad en el Estado, podemos preguntarnos qué efecto tiene en el arte de la poesía. En cualquier caso, según la prensa, existe en Italia cierta preocupación por la literatura. Hace poco hubo un encuentro de académicos cuyo objetivo era «desarrollar la novela italiana». «Hombres de alta alcurnia o famosos por los negocios, la industria o su presencia en corporaciones fascistas» se reunieron el otro día y debatieron el tema, y enviaron un telegrama al Duce en el que expresaban la esperanza de que «la era fascista pronto engendre a un poeta merecedor de tal nombre». Todos podríamos unirnos en esa piadosa esperanza, pero es bastante dudoso que la poesía pueda salir de una incubadora. La poesía debería tener una madre, además de un padre. El poema fascista, podría temerse, será un horripilante pequeño aborto como los que se ven en los frascos de museos de provincias. Tales monstruos nunca viven mucho, suele decirse; nunca he visto un prodigio de tal clase cortando hierba en un campo. Dos cabezas en un solo cuerpo no contribuyen a una larga vida.

Sin embargo, la culpa de todo esto, si una quiere echar culpas a alguien, no recae más en un sexo que en el otro. Tanto las seductoras como las reformistas son responsables: la condesa Bessborough cuando mintió a lord Granville; la sufragista Emily Davies cuando le dijo la verdad al señor Greg. Todas las personas que han provocado un estado de consciencia sobre el propio sexo tienen la culpa, y son ellas quienes me mueven, cada vez que deseo estimular mis capacidades mediante un libro, a buscarlo en aquella época feliz, antes de que nacieran la señorita Davies y la señorita Clough, cuando quien escribía empleaba ambas partes del cerebro por igual. Así pues, una debe regresar a Shakespeare, ya que Shakespeare era andrógino; igual que lo eran Keats y Sterne y Cowper y

Lamb y Coleridge. Shelley tal vez fuera asexuado. Milton y Ben Johnson poseían un leve exceso de lo masculino. Así como Wordsworth y Tolstói. En nuestra época, Proust era totalmente andrógino, incluso puede que un ápice demasiado próximo a una mujer. Pero ese defecto es tan poco frecuente que no voy a quejarme, ya que, sin que exista tal mezcla, el intelecto parece predominar y las otras facultades de la mente se anquilosan y se vuelven yermas. No obstante, me consolé con la reflexión de que tal vez fuese una fase temporal; mucho de lo que he dicho para cumplir mi promesa de compartir el curso de mis pensamientos parecerá pasado de moda; mucho de lo que arde en mis ojos les resultará dudoso a ustedes, que apenas son mayores de edad.

Pese a todo, la primerísima frase que me gustaría escribir aquí, dije, cruzando la habitación para acercarme al escritorio y cogiendo la hoja titulada «Las mujeres y la novela», es que pensar en su sexo es letal para cualquier persona que quiera escribir. Es letal ser un hombre o una mujer en estado puro; un hombre debe tener una parte femenina y una mujer debe tener una parte masculina. Es letal para una mujer prestar la menor atención a los agravios; defender incluso con razón cualquier causa; hablar, del modo que sea, con consciencia de ser mujer. Y aquí «letal» no es una metáfora; pues cualquier cosa que se escriba con ese sesgo consciente está condenada a la muerte. Cesa de quedar fertilizada. Por espléndido y eficaz, poderoso y magistral que pueda parecer su discurso durante un día o dos, se marchitará cuando caiga la noche; no crecerá en la mente de los demás. Es necesario que exista alguna colaboración mental entre la mujer y el hombre antes de que pueda alcanzarse el arte de la creación. Algún tipo de matrimonio de contrarios tiene que consumarse. La totalidad de la mente debe abrirse por completo para que tengamos la sensación de que quien escribe está comunicando su experiencia con total plenitud. Debe haber libertad y debe haber paz. Ni una rueda debe chirriar, ni una luz resplandecer. Las cortinas deben estar bien cerradas. El escritor, pensé, una vez que su experiencia haya acabado, debe tumbarse y dejar que su mente celebre sus nupcias en la oscuridad. No debe mirar ni cuestionar qué se está llevando a cabo. En lugar de eso, debe arrancar los pétalos de una rosa y observar los cisnes que flotan tranquilos en el río. Y entonces volví a ver la corriente que llevaba la barca del estudiante y las hojas muertas; y el taxi abrió la puerta al hombre y la mujer, pensé, al verlos reunirse al otro lado de la calle, y la corriente los arrastró, me dije, oyendo a lo lejos el rumor del tráfico londinense, dentro de aquel tremendo caudal.

Bien, en este momento deja de hablar Mary Beton. Les ha contado cómo llegó a la conclusión —la prosaica conclusión— de que es necesario tener quinientas libras al año y una habitación propia con un cerrojo en la puerta para escribir narrativa y poesía. Ha intentado exponer los pensamientos e impresiones que la llevaron a pensarlo. Les ha pedido que la sigan mientras volaba a los brazos de un bedel, almorzaba aquí, cenaba allá, hacía dibujos en el Museo Británico, sacaba libros de la estantería, miraba por la ventana. Mientras ella hacía todas esas cosas, sin duda ustedes habrán ido observando sus defectos y sus manías, y habrán decidido cómo han influido en la opinión de la narradora. La habrán contradicho ustedes y habrán ido añadiendo datos y haciendo las deducciones que les hayan parecido pertinentes. Así es como debería ser, pues en una cuestión como esta, la verdad solo puede conseguirse al aunar capa sobre capa muchas variedades de error. Por lo tanto, ahora terminaré, ya en nombre de mí misma, anticipando dos críticas tan evidentes que es imposible que no se hayan planteado ustedes también.

No se ha expresado ninguna opinión, podrían decir, sobre los méritos relativos de ambos sexos en cuanto escritores. Esa omisión ha sido voluntaria, porque, incluso si hubiera llegado la hora de hacer tal evaluación —y por el momento es más importante saber cuánto dinero tenían las mujeres y cuántas habitaciones, en lugar de teorizar acerca de sus capacidades—, como decía, incluso si hubiera llegado la hora de hacerlo, no creo que los dones y los talentos, ya sean de la mente o del carácter, puedan pesarse como el azúcar y la mantequilla, ni siquiera en Cambridge, donde son tan dados a poner a las personas en clases distintas y a colocarles birretes y añadir notas detrás de sus apellidos. Dudo que incluso la Tabla de Precedencia sobre la relación de tamaños de los castillos ingleses que encontrarán ustedes en el *Almanaque* de Whitaker represente el orden de valores definitivo, o que existan razones de peso para suponer que un comendador de la Orden del Baño por fuerza tenga que entrar en el salón detrás de un Maestro de la Locura cuando se celebra un banquete. Toda este enconamiento de un sexo contra otro, de una cualidad contra otra; toda esta afirmación de superioridad y acusación de inferioridad pertenecen a un estadio de la existencia humana correspondiente a la etapa del colegio privado, donde hay «bandos», y es necesario que un bando venza al otro bando, y es de vital importancia subirse a una tarima y recibir de las manos del director en persona un trofeo increíblemente recargado. Conforme madura, la gente deja de creer en bandos o en directores de colegio o en los trofeos increíblemente recargados. En cualquier caso, cuando se trata de libros, es de una dificultad manifiesta poner placas al mérito de tal manera que no se caigan. ¿Acaso las reseñas de obras literarias contemporáneas no son un eterno ejemplo de lo complejo que es juzgar? «Este gran libro», «este libro deleznable», ambas expresiones referidas a la misma obra. Ni la alabanza ni la crítica significan nada. No, por entretenido que pueda ser, el pasatiempo de medir es la más fútil de las ocupaciones, y someterse a los decretos de los calibres es la más servil de las actitudes. Mientras escriban ustedes lo que desean escribir, eso es lo único que importa; y si importará por siglos o solo unas horas, nadie puede saberlo. Pero sacrificar un pelo de su propio punto de vista, una sombra de su color, en deferencia a algún director con un trofeo de plata en la mano o a algún profesor con una vara de medir en la manga es la traición más abyecta, y, en comparación, el sacrificio de la riqueza y la castidad, que solía considerarse el mayor desastre del mundo, se convierte en una mera picadura de pulga.

Lo siguiente que creo que podrían criticar es que he dado demasiada importancia a las cosas materiales. Incluso dejando un margen generoso para el simbolismo, que quinientas libras al año equivale a la capacidad de pararse a contemplar, que un cerrojo en la puerta equivale a la capacidad de pensar por una misma, aun así podrían decirme ustedes que la mente debería elevarse por encima de esas cosas; y que los grandes poetas a menudo han sido hombres pobres. Si eso es lo que opinan, dejen que les cite las palabras de su propio profesor de literatura, quien sabe mejor que yo lo que se requiere para la creación de un poeta. Sir Arthur Quiller-Couch escribe:*

¿Cuáles son los grandes nombres de la poesía de los últimos cien años aproximadamente? Coleridge, Wordsworth, Byron, Shelley, Landor, Keats, Tennyson, Browning, Arnold, Morris, Rossetti, Swinburne... Podríamos detenernos aquí. De esos, todos salvo Keats, Browning y Rossetti eran universitarios, y de esos tres, Keats, que murió joven, arrancado de cuajo en su cúspide, era el único que no tenía posibles. Puede parecer un comentario

* Sir Arthur Quiller-Couch, *The Art of Writing*.

brutal, y desde luego es un comentario triste: pero, aunque duela reconocerlo, la teoría de que el genio poético sopla donde le place, y por igual en pobres y ricos, no se ajusta a la realidad. Aunque duela reconocerlo, nueve de esos doce eran universitarios: lo que significa que, de un modo u otro, se procuraron los medios para obtener la mejor educación que puede ofrecer Inglaterra. Aunque duela reconocerlo, de los tres restantes ya saben que Browning era acaudalado, y me atrevo a decir que, de no haberlo sido, no habría tenido más posibilidades de escribir *Saul* o *El anillo y el libro* de las que habría tenido Ruskin de escribir la obra *Los pintores modernos* si su padre no hubiera sido un empresario próspero. Rossetti tenía unas pequeñas rentas; y, además, pintaba. Así pues, solo nos queda Keats; a quien Átropo mató joven, igual que mató a John Clare en un manicomio, y a James Thomson con el láudano que tomó para anestesiar el desencanto. Se trata de hechos atroces, pero afrontémoslos. Por muy deshonroso que sea para nosotros como nación, está claro que, por algún fallo en nuestro sistema de ayuda social, el poeta pobre no tiene en esta época, ni ha tenido desde hace doscientos años, la menor posibilidad de triunfar. Créanme —y he dedicado buena parte de diez años a observar unas trescientas veinte escuelas primarias—, puede que se nos llene la boca con la democracia, pero, en realidad, en Inglaterra un niño pobre apenas tiene más esperanzas de las que tenía el hijo de un esclavo ateniense de emanciparse y alcanzar la libertad intelectual que engendra grandes obras literarias.

Nadie podría haberlo dicho con mayor claridad. «El poeta pobre no tiene en esta época, ni ha tenido desde hace doscientos años, la menor posibilidad de triunfar. [...] en Inglaterra un niño pobre apenas tiene más esperanzas de las que tenía el hijo de un esclavo ateniense de emanciparse y alcanzar la libertad intelectual que engendra grandes obras literarias». Así son las cosas. La libertad intelectual depende de bienes materiales. La poesía depende de la libertad intelectual. Y las mujeres siempre han sido pobres, no solo desde hace doscientos años, sino desde el principio de los tiempos. Las mujeres han tenido menos libertad intelectual que los hijos de los esclavos atenienses. Es decir, las mujeres no han tenido la menor oportunidad de escribir poesía. Por eso he insistido tanto en la importancia del dinero y de una habitación propia. Sin embargo, gracias a los esfuerzos de esas mujeres oscurecidas del pasado, de las que ojalá conociéramos más ejemplos, gracias, por curioso que parezca, a dos guerras, a la de Crimea que obligó a Florence Nightingale a salir de su salón, y a la guerra europea, que abrió las puertas a cualquier mujer alrededor de sesenta años más tarde, esos males empiezan a ser vencidos. De lo contrario, ustedes no estarían aquí esta noche, y sus posibilidades de ganar quinientas libras al año, por muy precarias que continúen siendo, me temo, serían irrisorias.

Aun con todo, podrían objetar, ¿por qué da tanta importancia al hecho de que las mujeres escriban libros cuando, según usted, hacerlo requiere tanto esfuerzo, puede conducir al asesinato de alguna tía, casi seguro hará que una llegue tarde a comer y puede provocarle graves disputas con ciertos caballeros muy buenos? Mis razones, debo admitirlo, son en parte egoístas. Como casi todas las mujeres inglesas sin estudios universitarios, me gusta leer: me gustar leer libros de todo tipo. Últimamente, mi dieta se ha vuelto un pelín monótona; la historia no para de hablar de guerras; la biografía no para de hablar de grandes hombres; la poesía ha demostrado, diría yo, una tendencia a la esterilidad, y la narrativa… En fin, ya he expuesto con creces mis deficiencias como crítica de obras de ficción moderna y no diré nada más al respecto. Por lo tanto, les exhortaría a que escriban cualquier clase de libro, sin desdeñar ningún tema, por trivial o ambicioso que les parezca. Espero que, del modo que sea, se procuren dinero suficiente para viajar y disfrutar del tiempo libre, para contemplar el futuro o el pasado del mundo, para soñar sobre libros y detenerse en las esquinas y dejar que el sedal del pensamiento se hunda hasta el fondo de la corriente. Pues bajo ningún concepto las estoy restringiendo a las obras de ficción. Si quieren complacerme —y hay miles de personas como yo—, escriban libros de viajes y de aventuras, de investigación y universitarios, de historia y biografía, de crítica, filosofía y ciencia. Haciendo eso, sin duda nutrirán también el arte de la ficción. Porque los libros logran influir unos en otros. La ficción será mucho mejor si va codo con codo con la poesía y la filosofía. Lo que es más, si se paran a pensar en cualquier figura relevante del pasado, como Safo, como lady Murasaki, como

Emily Brontë, verán que es heredera a la par que precursora, y ha cobrado existencia porque las mujeres han adoptado la costumbre de escribir de forma natural; de modo que, incluso como preludio de la poesía, tal actividad por parte de ustedes tendría un valor incalculable.

No obstante, cuando repaso estos apuntes y analizo mi propio hilo de pensamiento mientras los tomaba, descubro que mis razones no eran del todo egoístas. A través de estos comentarios y digresiones fluye la convicción —¿o es el instinto?— de que los buenos libros son deseables y de que los buenos escritores, incluso si plasman todo el abanico de la depravación humana, siguen siendo seres humanos buenos. Así pues, cuando les pido que escriban más libros, las insto a hacer algo por su propio bien y también por el bien del mundo en conjunto. No sé cómo justificar este instinto o creencia, pues los términos filosóficos, si una no se ha formado en la universidad, suelen jugarle en contra. ¿Qué se entiende por «realidad»? Parecería ser algo muy errático, escurridizo: ahora puede encontrarse en una calle polvorienta, ahora en una hoja de periódico suelta por la calle, ahora en un narciso al sol. La realidad ilumina a un grupo en una habitación y acuña alguna expresión espontánea. La sobrecoge a una al volver a casa bajo las estrellas y hace que el silencioso mundo sea más real que el mundo de la palabra… y luego ahí vuelve a aparecer, en un autobús en el ajetreo de Piccadilly. A veces, también, parece habitar en formas tan distantes que no podemos discernir su naturaleza. Pero lo que sea que toque lo fija y vuelve permanente. Eso es lo que queda cuando la piel del día ha sido arrojada al seto; eso es lo que queda del tiempo pasado y de nuestros amores y odios. Ahora bien, en mi opinión, quien escribe tiene la oportunidad de vivir en presencia de esta realidad más que el resto de la gente. Su oficio es encontrarla y recopilarla y comunicárnoslas a todos los demás. Al menos, eso es lo que infiero al leer *El rey Lear*, *Emma* o *En busca del tiempo perdido*. Porque la lectura de esos libros parece obrar un curioso avivamiento de los sentidos; una ve con más intensidad después de leerlos; el mundo parece desprovisto de su capa externa y poseedor de una vida más intensa. Esas son las personas envidiables que viven enemistadas con la irrealidad; y hay otras dignas de lástima que hacen las cosas dando tumbos sin conciencia ni interés. De modo que, cuando las insto a ustedes a ganar dinero y a tener una habitación propia, las animo a que vivan en presencia de la realidad, es decir, que tengan una vida estimulante, tanto si luego pueden plasmarla y compartirla como si no.

Aquí podría detenerme, pero la presión de las convenciones obliga a que todos los discursos acaben con una peroración. Y una peroración dirigida a un grupo de mujeres debería tener algo, imagino que coincidirán conmigo, especialmente exaltante o ennoblecedor. Debería implorarles que recuerden sus responsabilidades, que sean más elevadas, más espirituales; debería recordarles todo lo que depende de ustedes y cuánta influencia pueden tener en las generaciones venideras. Pero creo que puedo dejar esas exhortaciones en manos del otro sexo sin problemas, pues los hombres las expresarán, y en efecto las han expresado, con mucha mayor elocuencia de la que yo poseo. Cuando rebusco en mi mente no encuentro sentimientos nobles acerca del compañerismo y de la igualdad y la capacidad de influir en el mundo con fines elevados. Me encuentro diciendo de forma concisa y prosaica que ser una misma es mucho más importante que cualquier otra cosa. No sueñen con influir en otras personas, les diría, si supiera como hacer que sonase exaltado. Piensen en las cosas en sí. Y una vez más, al meter la cabeza en periódicos y novelas y biografías, me acuerdo de que cuando una mujer habla con otras mujeres suele tener algo muy desagradable guardado en la manga. Las mujeres son duras con otras mujeres. A las mujeres les desagradan las otras mujeres. Las mujeres... Pero ¿no están ya más que hartas de tanto oír la palabra? Les aseguro que yo sí. Así pues, coincidamos en que una conferencia ofrecida por una mujer a otras mujeres debería terminar con algo especialmente desagradable.

Pero ¿en qué sentido? ¿En qué puedo pensar? La verdad es que con gran frecuencia las mujeres me gustan. Me gusta su originalidad. Me gusta su integridad. Me gusta su anonimato. Me gusta... pero, ay, no debería seguir por ahí. Miren, dicen que ese cajón de allá solo tiene servilletas limpias; pero ¿y si sir Archibald Bodkin estuviera escondido entre esas servilletas? Dejen que adopte entonces un tono más serio. ¿He logrado, con las palabras precedentes, transmitirles de forma satisfactoria las advertencias y los reproches del hombre? Les he contado la bajísima opinión que tenía de ustedes el señor Oscar Browning. He indicado lo que pensó de ustedes Napoleón antaño y lo que Mussolini piensa ahora. Después, por si acaso alguna aspiraba a ser novelista, he copiado por su bien el consejo del crítico acerca de reconocer con valentía las limitaciones del sexo femenino. Me he referido al profesor X y he dado mucho peso a su afirmación de que las mujeres son intelectual, moral y físicamente inferiores a los hombres. He echado mano de todo lo que se me ha puesto delante sin necesidad de ir a buscarlo, y aquí les ofrezco una última advertencia, de parte del señor John Langdon Davies.* El señor John Langdon Davies advierte a las mujeres que «cuando los hijos dejan de ser del todo deseables, las mujeres dejan de ser del todo necesarias». Confío en que tomarán buena nota de su sentencia.

¿De qué otro modo puedo animarlas a desenvolverse en el negocio de la vida? Jóvenes, les diría, y por favor presten atención, ya que aquí empieza la peroración, tienen ustedes, en mi opinión, una ignorancia deplorable. Jamás han hecho un descubrimiento de importancia. Jamás han hecho tambalear un imperio ni dirigido a un ejército al campo de batalla. No han escrito las obras teatrales de Shakespeare, y jamás han presentado ante una raza bárbara los beneficios de la civilización. ¿Qué excusa tienen? Bien pueden contestar, señalando las calles, las plazas y los bosques del globo, abarrotados de habitantes

* John Langdon Davies, *A Short History of Women.*

negros y blancos y color café, todos ajetreados con el tráfico, los negocios y los placeres del amor, teníamos otra tarea entre manos. Sin nuestra obra, esos mares continuarían sin surcarse y esas tierras fértiles serían un desierto. Hemos parido y criado y lavado y enseñado, quizá hasta los seis o siete años, a los mil seiscientos veintitrés millones de seres humanos que, según las estadísticas, ocupan la existencia ahora mismo, y eso, aun con la salvedad de que algunas han tenido ayuda, ocupa tiempo.

Hay algo de verdad en lo que dicen… No lo negaré. Pero, a la vez, ¿hace falta que les recuerde que existen por lo menos dos universidades para mujeres en Inglaterra desde el año 1866; que, a partir del año 1880, una mujer casada tiene derecho legal a ser dueña de sus propiedades; y que en 1919 —de lo cual ya hace nada menos que nueve años— obtuvo el derecho a voto? ¿También hace falta que les recuerde que la mayor parte de las profesiones están abiertas a ustedes desde hace cosa de diez años ya? Si reflexionan sobre estos inmensos privilegios y sobre el tiempo que llevan disfrutándolos, así como sobre el hecho de que deben de existir en la actualidad alrededor de dos mil mujeres capaces de ganar más de quinientas libras al año de un modo u otro, coincidirán conmigo en que la excusa de la falta de oportunidad, formación, aliento, tiempo libre y dinero ya no resulta válida. Además, los economistas nos dicen ahora que la señora Seton ha tenido demasiados hijos. Por supuesto, tienen que seguir ustedes trayendo niños al mundo, pero, dicen los expertos, dos o tres, no diez o doce.

Así pues, con algo de tiempo libre en las manos y algunas enseñanzas de los libros en el cerebro —ya han tenido bastantes enseñanzas del otro tipo y las mandan a la universidad, sospecho, en parte para que no aprendan tanto en otros ámbitos—, sin duda deberían embarcarse en otro estadio de su larguísima, muy laboriosa y en gran medida oscura carrera profesional. Un millar de plumas están preparadas para sugerirles qué deben hacer y qué influencia tendrán ustedes. Mi propia sugerencia es un poco fantasiosa, lo admito; por eso, prefiero plantearla en forma de ficción.

A lo largo de estas páginas he planteado que Shakespeare tenía una hermana; pero no la busquen en la vida del poeta escrita por sir Sidney Lee. Murió joven... y, ay, jamás escribió una palabra. Yace enterrada donde ahora paran los autobuses, enfrente del Elephant and Castle. Ahora bien, lo que creo es que esa poeta que jamás escribió una palabra y está enterrada en un cruce de calles todavía vive. Vive en ustedes y en mí, y en muchas otras mujeres que no están aquí esta noche, porque están lavando los platos y acostando a los niños. Pero vive; pues las grandes poetas nunca mueren; son presencias continuas; solo necesitan la oportunidad de caminar encarnadas entre nosotras. En mi opinión, ahora está en manos de ustedes darle esa oportunidad. Pues lo que creo es que, si vivimos aproximadamente un siglo más —me refiero a la vida común que es la auténtica vida y no a las pequeñas vidas separadas que vivimos en tanto que individuos—, y tenemos quinientas libras al año cada una, junto con una habitación propia; si nos acostumbramos a emplear la libertad y el valor para escribir exactamente lo que pensamos; si nos escapamos un poco de la sala común y vemos a los seres humanos no siempre en relación con otros seres humanos sino en relación con la realidad; y con el cielo, también, y con los árboles o lo que sea que haya dentro de ellos; si sabemos ver más allá del monstruo de Milton, pues ningún ser humano debería tapar la vista; si afrontamos el hecho, porque es un hecho, de que no hay brazo alguno del que colgarse, sino que avanzamos en solitario y nos relacionamos con el mundo de la realidad y no solo con el mundo de los hombres y las mujeres, entonces se dará la oportunidad y la poeta muerta que era la hermana de Shakespeare habitará el cuerpo al que con tanta frecuencia ha tenido que renunciar. Extraerá el aliento vital de las vidas de las desconocidas que fueron sus precursoras, igual que hizo su hermano antes que ella, y nacerá. En cuanto a que se encarne sin esa preparación, sin ese esfuerzo por nuestra parte, sin esa determinación de que cuando renazca pueda vivir y escribir su poesía, es algo que no cabe esperar, pues sería imposible. Pero insisto en que la hermana de Shakespeare sí volvería si trabajásemos por ella, y que trabajar con ese fin, aunque sea en la pobreza y la oscuridad, vale la pena.

Notas a la traducción

1. «There has fallen a splendid tear / From the passion-flower at the gate; / She is coming, my dove, my dear; / She is coming, my life, my fate; The red rose cries, 'She is near, she is near'; / And the white rose weeps, 'She is late'; / The larkspur listens, 'I hear, I hear'; / And the Lily whispers, 'I wait'». Fragmento de lord Arthur Tennyson, «Maud (part I)», *Maud and Other Poems*, 1855. Traducción propia de este y los siguientes fragmentos del poema.

2. «My heart is like a singing bird / Whose nest is in a water'd shoot; / My heart is like an apple tree / Whose boughs are bent with thick-set fruit; / My heart is like a rainbow shell / That paddles in a halcyon sea; / My heart is gladder than all these / Because my love is come to me». Fragmento de Christina Rossetti, «A Birthday», *Goblin Market and Other Poems*, 1862. Traducción de este y los siguientes fragmentos del poema extraída de Christina Rossetti, «Aniversario», *El mercado de los duendes*, ed. y trad. de Francisco M. López Serrano, Valencia, Pre-Textos, 2004.

3. «There has fallen a splendid tear / From the passion-flower at the gate; / She is coming, my dove, my dear...». Tennyson, «Maud (part I)».

4. «My heart is like a singing bird / Whose nest is in a water'd shoot; / My heart is like an apple tree...». Rossetti, «A Birthday» («Aniversario»).

5. «She is coming, my dove, my dear». Tennyson, «Maud (part I)».

6. «My heart is gladder than all these / Because my love is come to me». Rossetti, «A Birthday» («Aniversario»).

7. «My heart is like a singing bird / Whose nest is in a water'd shoot; / My heart is like an apple tree / Whose boughs are bent with thick-set fruit;». Rossetti, «A Birthday» («Aniversario»).

8. «Las mujeres no tienen término medio. O son mejores o son peores que los hombres».

9. «How we are fallen! fallen by mistaken rules / And Education's more than Nature's fools; / Debarred from all improvements of the mind, / And to be dull, expected and designed; / And if someone would soar above the rest, / With warmer fancy, and ambition pressed, / So strong the opposing faction still appears, / The hopes to thrive can ne'er ouweight the fears». Fragmento de lady Wilchinsea (Anne Finch), «An Introduction». Traducción propia de este y los siguientes fragmentos del poema.

10. «Alas! A woman that attempts the pen, / Such a presumptuous creature is esteemed, / The fault can by no virtue be redeemed. / They tell us we mistake our sex and way; / Good breeding, fashion, dancing, dressing, play, / Are the acoomplishments we should desire; / To write, or read, or think, or to enquire, / Would cloud our beauty, and exhaust our time, / And interrupt the conquests of our prime, / Whilst the dull manage of a servile house / Is held by some our utmost art and use». Lady Wilchinsea, «An Introduction».

11. «To some few friends, and to thy sorrows sing, / For groves of laurel thou wert never meant: / Be dark enough thy shades, and be thou there content». Lady Wilchinsea, «An Introduction».

12. «Now will in fading silks compose, / Faintly the inimitable rose». Fragmento de lady Wilchinsea, «The Spleen». Traducción propia de este y los siguientes fragmentos del poema.

13. «Now the jonquille o'ercomes the feble brain; / We faint beneath the aromatic pain». Lady Wilchinsea, «The Spleen».

14 «My lines decried, and my employment thought / An useless folly or presumptuous fault». Lady Wilchinsea, «The Spleen».

15. «My hand delights to trace unusual thigns, / And deviates from the known and common way, / Nor will in fadind silks compose, / Faintly the inimitable rose». Lady Wilchinsea, «The Spleen».

16. Todas las citas de *Jane Eyre* están extraídas de Charlotte Brontë, *Jane Eyre*, trad. de Toni Hill Gumbao, Barcelona, Penguin Clásicos, 2009, 2016.

17. Esta cita y las dos siguientes de George Eliot se recogieron también en la recopilación de artículos *Genio y tinta*, de donde se ha extraído su traducción. Véase Virginia Woolf, *Genio y tinta*, trad. de Ana Mata Buil, Barcelona, Lumen, 2021, p. 58.

Apéndice

Las mujeres y la novela*

El título de este artículo puede interpretarse de dos maneras: puede referirse a las mujeres y a las novelas que escriben, o a las mujeres y a las novelas que se escriben sobre ellas. La ambigüedad es deliberada, pues al hablar de las mujeres en calidad de escritoras conviene gozar de la mayor flexibilidad posible; es necesario hacer sitio suficiente para tratar otros asuntos además de la obra literaria de las mujeres, ya que gran parte de esa obra se ha visto influenciada por circunstancias que no guardan ninguna relación con el arte.

Incluso una investigación muy superficial centrada en la literatura escrita por mujeres suscita numerosos interrogantes. Lo primero que nos preguntamos es: ¿por qué las mujeres no se dedicaron a escribir con continuidad antes del siglo XVIII? ¿Por qué, a partir de entonces, escribieron tan a menudo como los hombres y, en el cur-

* Publicado en *The Forum*, marzo de 1929. *(N. del E.)*

so de esta actividad, produjeron una tras otra algunas de las obras clásicas de la narrativa inglesa? ¿Y por qué su arte adoptó entonces la forma de la novela y, hasta cierto punto, sigue adoptándola?

Si meditamos un poco, advertiremos que hemos formulado preguntas que solo tendrán por respuesta más narrativa. En la actualidad la respuesta se halla oculta en las páginas de viejos diarios íntimos, arrumbada en viejos cajones, medio olvidada en la memoria de los ancianos. Podrá encontrársela en las vidas de personas oscuras, en los pasillos casi sin luz de la historia en los que tan débil y pasajeramente percibimos las figuras de varias generaciones de mujeres. Y es que se sabe muy poco de las mujeres. La historia de Inglaterra es la historia de la línea masculina, no de la femenina. De nuestros padres siempre sabemos algún hecho, algún rasgo distintivo. Fueron soldados o marinos, desempeñaron tal cargo o elaboraron tal ley. Pero ¿qué queda de nuestras madres, nuestras abuelas, nuestras bisabuelas? Poco más que una tradición. Una era bella; otra, pelirroja y otra recibió un beso de la reina. No sabemos de ellas nada salvo sus nombres, el día de su matrimonio y los hijos que dieron a luz.

Así pues, cuando nos preguntamos por qué, en determinada época, las mujeres hicieron esto o lo otro; por qué no escribieron nada; por qué, en cambio, escribieron obras maestras, tropezamos con muchas dificultades. Si alguien rebuscara entre aquellos viejos papeles, estudiara la historia hasta volverla del revés y pintara un fiel cuadro de la vida cotidiana de una mujer común y corriente en los tiempos de Shakespeare, de Milton o de Johnson, no solo escribiría un libro asombrosamente interesante, sino que proporcionaría a los críticos un instrumento del que ahora carecen. La mujer extraordinaria depende de la mujer ordinaria. Solamente cuando sabemos cuáles eran las circunstancias en que vivía la mujer normal —su número de hijos, si tenía dinero propio, si tenía una habitación para su uso exclusivo, si contaba con quien la ayudase en la educación de sus hijos, si tenía servidumbre, si participaba en las tareas hogareñas—, solamente cuando podamos medir el modo de vida y las experiencias vitales a los que tenía acceso la mujer ordinaria podremos explicar el éxito o el fracaso de la mujer extraordinaria en cuanto escritora.

Extrañas lagunas de silencio parecen separar un periodo activo de otro. Ahí tenemos a Safo y a un grupito de mujeres, todas dedicadas a escribir poesía en una isla griega seiscientos años antes del nacimiento de Cristo. Pero sus voces se extinguen. Luego, hacia el año 1000, encontramos a cierta dama de la corte, la señora Murasaki, que escribe en Japón una novela muy larga y hermosa. Sin embargo, en la Inglaterra del siglo XVI, cuando los dramaturgos y los poetas desarrollaban una gran actividad, las mujeres guardaban silencio. La literatura de los tiempos de Isabel I es exclusivamente masculina. Después, a finales del siglo XVIII y principios del XIX, volvemos a encontrar mujeres que escriben —ahora en Inglaterra— con extraordinaria frecuencia y con gran éxito.

En buena parte, desde luego, las leyes y las costumbres fueron responsables de esa alternancia entre el silencio y el habla. Cuando una mujer se exponía, como ocurría en el siglo xv, a que la apalearan y la tiraran al suelo si se negaba a contraer matrimonio con el caballero elegido por sus padres, la atmósfera espiritual en que vivía era poco propicia para crear obras de arte. Cuando la casaban sin su consentimiento con un hombre que acto seguido se convertía en su dueño y señor, «por lo menos hasta donde la ley y la costumbre se lo permitían», como ocurría en tiempos de los Estuardo, lo más probable es que tuviera poco tiempo para escribir, y aún menos estímulos. Ahora, en la época del psicoanálisis, estamos empezando a comprender la inmensa influencia que ejercen en la mente el medio ambiente y la sugestión. Además, gracias a la ayuda de los libros de memorias y de las comunicaciones epistolares, también empezamos a comprender lo anormal que es el esfuerzo necesario para producir una obra de arte, y el refugio y el apoyo que precisa la mente del artista. Esto último lo ponen de relieve la vida y la correspondencia de hombres como Keats, Carlyle y Flaubert.

Está claro que el extraordinario florecimiento de la narrativa en Inglaterra a principios del siglo xix tuvo su precursor en innumerables y pequeños cambios en materia de leyes, costumbres y modales. Además, las mujeres del siglo xix disponían de cierto tiempo libre, habían recibido cierta educación. Ya no era un hecho excepcional que las de las clases medias y altas eligieran a sus ma-

ridos. Y es significativo que, de las cuatro grandes novelistas —Jane Austen, Emily Brontë, Charlotte Brontë y
George Eliot—, ninguna de ellas tuviera hijos, y dos no
se casaran.

Sin embargo, aunque está claro que se había levanta-
do la prohibición de escribir, al parecer seguía ejercién-
dose una considerable presión sobre las mujeres para que
escribieran novelas. Pocas debieron de ser más diferentes
en carácter y talento que las cuatro recién mencionadas.
Jane Austen no tenía nada en común con George Eliot;
George Eliot era exactamente el opuesto de Emily Brontë.
Sin embargo, todas ellas estaban preparadas para ejercer
la misma profesión. Y, cuando escribieron, todas escribieron novelas.

La narrativa era, como sigue siéndolo, el género más
cómodo para una mujer. Y tampoco es difícil descubrir
la razón. La novela es la forma artística menos concentrada. Una novela puede abandonarse y retomarse con
mayor facilidad que una obra teatral o un poema. George
Eliot interrumpió su trabajo para cuidar a su padre. Charlotte Brontë dejaba la pluma para pelar patatas. Y, como
la mujer vivía en la sala de uso común, rodeada de gente, estaba habituada a aplicar su mente a la observación
y al análisis del carácter. Estaba preparada para ser novelista, no para ser poeta.

Incluso en el siglo XIX, la mujer vivía casi exclusivamente en su casa, dedicada a sus emociones. Y las novelas
del siglo XIX, pese a lo notables que son, están profundamente influenciadas por el hecho de que las mujeres que

las escribieron quedaban excluidas por su sexo de ciertas experiencias. Que la experiencia tiene una gran influencia en la novela es indiscutible. Por ejemplo, las mejores novelas de Conrad no habrían nacido si el autor no hubiera podido ser marino. Quitemos cuanto Tolstói sabía de la guerra como soldado, de la vida y de la sociedad como hombre joven y rico y cuya formación le permitía todo género de experiencias, y *Guerra y paz* quedará increíblemente empobrecida.

Sin embargo, *Orgullo y prejuicio*, *Cumbres borrascosas*, *Villette* y *Middlemarch* fueron escritas por mujeres a las que les estaba vedada toda experiencia, salvo la que podían adquirir en un salón de clase media. No tenían acceso a la experiencia directa de la guerra, la navegación, la política o los negocios. Incluso su vida emotiva estaba estrictamente regulada por las leyes y las costumbres. Cuando George Eliot osó convivir con el señor Lewes sin convertirse en su esposa, la opinión pública se escandalizó. Sometida a su presión, se retiró a vivir lejos de la ciudad, lo cual, inevitablemente, tuvo efectos nefastos en su obra. Dejó escrito que jamás invitaba a nadie a su casa, salvo a quienes pedían ir a verla por iniciativa propia. Mientras tanto, en el otro extremo de Europa, Tolstói llevaba una vida libre de soldado, en compañía de hombres y mujeres de todas clases, que nadie le censuró y de la que sus novelas extrajeron buena parte de su asombrosa envergadura y energía.

Pero las novelas escritas por mujeres no solo se vieron afectadas por la forzosamente reducida gama de experiencias de las autoras. Presentaban, al menos en el siglo XIX, una característica adicional que bien puede atribuirse al sexo de estas. En *Middlemarch* y en *Jane Eyre*, no solo tenemos conciencia del carácter de quien escribe, tal como tenemos conciencia del carácter de Charles Dickens, sino también de una presencia femenina, una persona que se siente ofendida por cómo tratan a los miembros de su sexo y que defiende sus derechos. Eso introduce en la escritura de las mujeres un elemento totalmente ausente de la literatura de los hombres, salvo cuando el autor es un obrero, un negro o cualquier otro hombre que, por una razón u otra, tenga conciencia de una desventaja. Este elemento produce una deformación en la obra y, a menudo, hace que esta se resienta. El deseo de defender una causa personal o de convertir a un personaje en el portavoz de un descontento o un agravio personal siempre produce efectos molestos, como si el punto hacia el que se dirige la atención del lector se desdoblara bruscamente en dos, cuando, en realidad, debería ser uno.

El talento de Jane Austen y de Emily Brontë es especialmente convincente cuando hace caso omiso de semejantes reivindicaciones y agravios, y sigue adelante sin preocuparse por la censura y la burla. Sin embargo, hacía falta tener una mente muy serena o poderosa para resistir la tentación de la ira. Como es natural, el ridículo, la censura, la calificación de inferiores que se daba de un modo u otro a las mujeres que ejercían un arte provocaban ese tipo de reacciones. Vemos sus efectos en la indignación de Charlotte Brontë, en la resignación de George Eliot. Una y otra vez, los encontramos en la obra de escritoras de menor importancia, en la elección de sus temas, en su forzado empeño por afirmarse o en su forzada docilidad. Además, la insinceridad impregna casi inconscientemente la obra. Las autoras adoptan el punto de vista que la autoridad les ordena. Su visión se vuelve demasiado masculina o demasiado femenina, pierde su perfecta integridad y, con ella, su atributo más esencial en cuanto obra de arte.

Parece que el mayor cambio que ha experimentado la literatura de las mujeres es un cambio de actitud. La escritora ya no está amargada. Ya no se enfada. Ya no se dedica a protestar y a hacer valer sus derechos al escribir. Nos estamos acercando al tiempo, aunque no hayamos llegado aún a él, en que pocas o ningunas serán las influencias extrañas que perturben su literatura. La escritora podrá centrarse en su visión de las cosas sin distracciones externas. La independencia a la que podían llegar el talento o la originalidad literaria se está poniendo ahora al alcance de la mujer corriente. En consecuencia, la novela promedio escrita por una mujer de hoy en día es mucho más auténtica y mucho más interesante que la novela escrita por la mujer de hace cien o ciento cincuenta años.

Pero sigue siendo verdad que, a fin de escribir exactamente como quiere, la mujer tropieza con muchas dificultades. Para empezar, se encuentra con la dificultad técnica —en apariencia tan sencilla, pero en realidad tan desconcertante— de que la forma de la frase literaria no se amolda a ella. Es una frase hecha por hombres; es demasiado holgada, demasiado pesada, demasiado pomposa, para el uso femenino. Sin embargo, en la novela, un género que se mueve por un terreno tan amplio, hace falta una frase ordinaria y familiar que lleve al lector con sencillez y naturalidad de un extremo al otro de la obra. Y esto es algo que la mujer tiene que conseguir por sí misma, alterando y adaptando la frase actual hasta escribir una que tome la forma natural de su pensamiento sin aplastarlo ni deformarlo.

Pero lo anterior es solo un medio para alcanzar un fin, y el fin solo puede alcanzarse si la mujer tiene la valentía suficiente para superar las contrariedades y la firme decisión de ser auténtica. Y es que, a fin de cuentas, una novela es una afirmación acerca de mil cosas diferentes: humanas, naturales, divinas; es un intento de relacionar todas esas realidades. En toda novela destacada, estos distintos elementos se mantienen en el lugar que les corresponde gracias a la visión del autor. Pero tienen también otro orden, que es el impuesto por las convenciones. Y como los árbitros de esas convenciones son los hombres, pues han establecido en la vida un orden de valores, estos mismos valores se imponen en gran medida en la novela, que se basa sobre todo en la vida.

Sin embargo, es probable que, tanto en la vida como en el arte, los valores de la mujer no sean los mismos que los del hombre. Por lo tanto, cuando una mujer se pone a escribir una novela, nota que está deseando constantemente alterar los valores establecidos, tomarse en serio lo que a un hombre le parece insignificante y considerar trivial lo que a este le resulta importante. Y, desde luego, eso le granjeará críticas a la autora, pues el crítico del sexo opuesto se quedará realmente perplejo y sorprendido ante ese intento de alterar la escala de valores vigente, y no verá en ello solo una perspectiva diferente, sino una perspectiva débil, o trivial, o sentimental, solo porque difiere de la suya.

Pero también en este aspecto las mujeres se están independizando cada vez más de la opinión general. Comienzan a respetar su propio sentido de los valores. Y, por eso mismo, la temática de sus novelas empieza a mostrar ciertos cambios. Al parecer, están menos interesadas en sí mismas. A principios del siglo XIX, las novelas escritas por mujeres eran en gran medida autobiográficas. Uno de los motivos que las inducía a escribir era el deseo de expresar sus sufrimientos, de defender su causa. Ahora, cuando este deseo no es tan insistente, las mujeres comienzan a explorar la condición de su sexo, a escribir acerca de las mujeres como nunca lo habían hecho las mujeres; porque, desde luego, hasta hace muy poco las mujeres de la literatura eran creación de los hombres.

En este punto también deben superarse dificultades, pues, por usar una generalización, las mujeres no solo pasan más inadvertidas que los hombres, sino que su existencia puede evaluarse e investigarse mucho menos a través de los procesos ordinarios de la vida. A menudo, no queda nada tangible del día de una mujer. La comida preparada se consume; los niños criados se van de casa. ¿Qué debe subrayarse? ¿Cuál es el punto destacado en que debe fijarse la novelista? Es difícil decirlo. La vida de la mujer tiene un carácter anónimo extremadamente misterioso y desconcertante. Pero, por primera vez, la narrativa empieza a explorar ese territorio oscuro; al mismo tiempo, tiene que registrar los cambios que el acceso a las profesiones ha producido en las mentes y las costumbres de las mujeres. La escritora tiene que notar el modo en que las vidas de las mujeres ya no quedan soterradas; tiene que descubrir los nuevos colores y matices que aparecen en ellas cuando entran en contacto con el mundo exterior.

Así pues, si tuviéramos que resumir los rasgos que distinguen a la narrativa escrita por mujeres hoy en día, diríamos que se trata de una narrativa valiente, sincera, que sigue de cerca los sentimientos de la mujer. No es una narrativa amargada. No insiste en su feminidad. Pero, al mismo tiempo, el libro de una mujer no está escrito como lo escribiría un hombre. Estos rasgos están ahora mucho más extendidos que antes y dan a las obras, incluso a las de segunda y tercera categoría, el valor de la verdad y el interés de la sinceridad.

Además de esas buenas cualidades, hay otras dos que merecen tenerse en cuenta. El hecho de que la mujer inglesa haya pasado de ser una influencia anodina, fluctuante y vaga a tener voto, ganarse la vida y ser un ciudadano responsable ha imprimido, tanto a su vida como a su arte, un giro hacia lo impersonal. Las relaciones que entabla la mujer, ahora, no solo son emotivas, sino también intelectuales y políticas. El viejo sistema que la condenaba a mirar de soslayo la realidad, a través de los ojos o los intereses de un marido o de un hermano, ha sido sustituido por los intereses directos y prácticos de quien ha de actuar por sí mismo en vez de limitarse a influir en los actos de los demás. En consecuencia, la atención de la mujer se aparta del círculo personal que la ocupaba con carácter exclusivo en el pasado y se dirige hacia lo impersonal, por lo que sus novelas, como es lógico, acaban analizando menos las vidas individuales y asumiendo más el examen de la sociedad.

Cabe esperar que la función de tábano del Estado, que hasta el momento ha sido una prerrogativa masculina, será desempeñada también por las mujeres. Sus novelas tratarán de males sociales y de sus remedios. En ellas los hombres y las mujeres no solo serán observados a la luz de sus relaciones emocionales, sino en la medida en que forman grupos, clases y razas que chocan entre sí. Este es un cambio de notable importancia. Pero hay otro cambio aún más importante para quienes prefieren la mariposa al tábano, es decir, el artista al reformador. La creciente impersonalidad de las vidas de las mujeres estimulará su espíritu poético, y es en el ámbito poético donde la narrativa de las mujeres sigue siendo más débil. Esto conducirá a las escritoras a no fijarse tanto en los hechos, a no contentarse con apuntar, con pasmosa exactitud, los más leves detalles observables. Irán más allá de las relaciones personales y políticas a fin de indagar en las cuestiones más amplias que intenta resolver el poeta: las relativas a nuestro destino y al sentido de la vida.

La actitud poética se basa, naturalmente, en cosas materiales. Depende de la disposición de tiempo libre, y de un poco de dinero, y de la oportunidad que ofrecen el dinero y el tiempo libre para observar las cosas de un modo impersonal y desapasionado. Con dinero y tiempo libre a su alcance, las mujeres se dedicarán naturalmente al arte de las letras más de lo que hasta ahora ha sido posible. Utilizarán con mayor plenitud y sutileza el instrumento de la escritura. Su técnica se volverá más audaz y más rica.

En el pasado, la virtud de la literatura escrita por mujeres a menudo radicaba en su divina espontaneidad, como la del canto del mirlo o el del tordo. Dicha literatura carecía de instrucción; salía del alma. Pero era también, y mucho más a menudo, efusiva y parlanchina, mero palabreo derramado sobre el papel, donde se secaba formando borrones y charcas. En el futuro, a condición de que la mujer disponga de tiempo, de libros y de un pequeño espacio propio en casa, la literatura será para sus congéneres, como lo es para los hombres, un arte digno de estudio. Las dotes femeninas se educarán y se fortalecerán. La novela dejará de ser el vertedero de las emociones personales. Llegará a ser, más que ahora, una obra de arte como cualquier otra, cuyos recursos y límites podrán explorarse.

Lo anterior está a un paso del cultivo de géneros más complejos, hasta ahora tan poco cultivados por la mujer, como el ensayo y la crítica, la historia y la biografía. Y esto, si pensamos en la novela, será también una ventaja, pues, además de mejorar la calidad de novela en sí, tendrá la virtud de alejar de ella a las extrañas que se sintieron atraídas por la accesibilidad de la narrativa cuando sus aficiones propendían hacia otros géneros. De esta manera, la novela quedará liberada de las excrecencias de la historia y de la realidad que, en nuestro tiempo, tanto han perjudicado su forma.

En definitiva, si cabe profetizar, en el futuro las mujeres escribirán menos novelas, pero mejores; y no solo escribirán novelas sino también poesía, crítica e historia. Pero, al decir esto, nos estamos proyectando hacia la época dorada y quizá fabulosa en que las mujeres tendrán lo que durante tantos años se les ha negado: tiempo libre, dinero y una habitación para ellas.

VIRGINIA WOOLF